民国佛学讲记系列

江味农／讲述

金刚经讲义

中

上海古籍出版社

金刚般若波罗蜜经讲义卷三

（庚）次,推阐无住以开解。分五：（辛）初,约果广明。次,约因详显。三,请示名持。四,成就解慧。五,极显经功。

此推阐无住以开解一科,又分五小科。初为约果广明。即自第九分至第十分前三行是也。约果广明,盖承上一切贤圣皆以无为法而有差别,而举事证明也。亦与不应取法取非法、不可取、不可说、佛法即非佛法,遥相呼应。得而无得,不取法也,所谓即非佛法也。无得而得,不取非法也,所谓佛法也。得而无所得,无得即是得。心行灭,言语断。何可取,何可说哉。总以明其两边无住之意。果地如此,因地可知。小乘如此,大乘更可知矣。

（辛）初,分二：（壬）初,泛论四果；次,师资证成。（壬）

初,又四:(癸)初,明初果离相;次,明二果离相;三,明三果离相;四,明四果离相。

(癸)初,明初果离相。

"须菩提!于意云何?须陀洹能作是念,我得须陀洹果不?"须菩提言:"不也,世尊!何以故?须陀洹名为入流,而无所入,不入色声香味触法,是名须陀洹。"

初果断尽三界八十八使,已见真空之理而知无我亦无我所矣。若作我能得果之念,是我见依然,何云得果乎。二果以上例此。须菩提皆就四果名相辨释,令著果相者,当下可以爽然自失。此说法之善巧也。"不也",是活句。犹言不是无得,亦不能作念。是名之名,谓假名也不可坐实。坐实即是作念,著于有所得矣。

梵语须陀洹,此云入流,谓已涉入涅槃末流。由此循流溯源,可达涅槃彼岸也。然而虽称入流,实无所入。不入句,正释其故。盖根尘相对,名为六入,谓根尘相入也。如眼对色,则若有色入眼。眼即为色所转。是亦可曰眼入于色矣。余仿此。所以相入者,识为分别故。今曰不入,明其能空情识矣。因其不入六尘,无以名之,名曰入流。亦因其不入六尘,情识能空,故虽名入流,而实无所入。是特假名入流耳。故曰是名须陀洹。名者,假名也,名相也。下是各句,皆仿此。意中若曰:倘作我能入流之念,是明明有所入矣。若有所入,情识依然,何云得初果耶。总之,得果正由无念,作念便非得果。

(癸)次,明二果离相。

"须菩提!于意云何?斯陀含能作是念,我得斯陀含果不?"须菩提言:"不也,世尊!何以故?斯陀含名一往来,而实无往来,是名斯陀含。"

梵语斯陀含,此云一往来。证初果已,进断欲界思惑上上乃至中下,共六品。尚余下三品。欲界思惑共九品。断五品已,即断至中中品,名二果向。断至六品,名得二果。须一往天上,一来人间断之,故称一往来。然其心中,实并往来之相亦无之。因其无往来相,方能一往来。亦因其尚无往来相,岂有一次往来,两次往来之别,是亦假名为一往来耳。意若曰:倘作一往来之念,是明明著往来相矣。既已著相,俨然分别。初果尚不能得,何云得二果耶。

(癸)三,明三果离相。

"须菩提！于意云何？阿那含能作是念，我得阿那含果不？"须菩提言："不也，世尊！何以故？阿那含名为不来，而实无来，是故名阿那含。"

梵语，阿那含，此云不来。证二果已，进断欲界下三品思惑尽。寄居色界四禅天，不来人间矣，故称不来。然其心中实无所谓来。因其来意已无，故能不来。亦因其尚且无所谓来，岂有所谓不来。是亦假名不来耳。意若曰：倘作不来之念，是明明来与不来，犹未能淡焉忘怀也。若未全忘，情识尚在，尚非初果所应有，何云得三果耶。

（癸）四，明四果离相。

"须菩提！于意云何？阿罗汉能作是念，我得阿罗汉道不？"须菩提言："不也，世尊！何以故？实无有法，名阿罗汉。世尊！若阿罗汉作是念，我得阿罗汉道，即为著我人众生寿者。"

梵语阿罗汉，此云无生。证三果已，在四禅天断上二界七十二品思惑尽，便证无生法忍，不受后有。生死从此了矣，故称无生。然其心中实并法而亦无之。因其无法，则生灭心息，故曰无生。亦因其尚且无有无生之法，岂有所谓无生，是亦假名无生耳。意若曰：倘作无生之念，是明明有法矣。既有法相，即著我人众寿。生心动念，依然凡夫。何云得四果，证无生法忍耶。

（壬）次，师资证成。分二：（癸）初，约当机无得证。次，约往因无得证。（癸）初，又三：（子）初，引佛说；次，陈离相，三，释所以。

（子）初，引佛说。

"世尊！佛说我得无诤三昧，人中最为第一，是第一离欲阿罗汉。

无诤者，不与物竞，一切平等之意。由不自是，故能无诤。无诤，则不恼他。意在守护他心，令不生恼。修此三昧，岂非大慈。然此三昧之所以成者，则由于人我是非之相皆空。《涅槃》云：须菩提住虚空地。若有众生嫌我立者，我当终日端坐不起。嫌我坐者，我当终日立不移处。可见由其住

于虚空,乃能如此。长老解空第一,故能入此三昧耳。十大弟子,各有特长,皆称第一。大迦叶以头陀称。阿难以多闻称。他如舍利弗智慧,目犍连神通,罗睺罗密行,阿那律天眼,富楼那说法,迦旃延论义,优波离持律,以及须菩提解空,皆第一也。三昧者,此云正受,亦曰正定。不受诸受,名正受。一切不受,则不为一切所动,是为正定。人谓凡夫。凡夫喜净,岂能无净。故曰人中最为第一。欲字广义,遍指思惑。断尽三界贪等烦恼,方真离欲。凡成阿罗汉,无不离欲。离欲,亦必不与物竞,但未得无净三昧,乃让长老亦得第一之称。偈颂云:依彼善吉者,说离二种障。"新眼疏"以见思惑当二种障,义狭。古注谓离欲是离烦恼障,为一切阿罗汉所共有。见惑思惑,通为烦恼。虽得无净三昧,而不存有所得,即是自忘其无净。是自忘其在定矣。此为离三昧障。乃真得无净,真得三昧。故称第一离欲阿罗汉。合上句言之,谓不但于一切人最为第一,即以阿罗汉之离欲言,亦称第一也。此是世尊平日称赞长老之辞,故曰佛说。长老既自忘在定,诸弟子又不能及,唯究竟觉者,能知其入此三昧,故惟佛能说。佛者究竟觉之称也。此一科正标举其功行事相,非谈离相。次科方陈离相也。故不曰如来说,而曰佛说。以如来是性德之称。约性而言,则无净及第一等等名相,皆不可说矣。本经中即一称谓,无不含有妙义,如是如是。

(子)次,陈离相。

"我不作是念,我是离欲阿罗汉。

流通本有世尊二字,写经及古本无之,可省也。此中两句经文易解。今当说者。长老但云离欲阿罗汉,而不云无诤三昧者,亦有妙义。盖正明其自忘在定也。且普通之离欲,尚不存有所得。其不自以为得无诤三昧,可知矣。

(子)三,释所以。分二:(丑)初,反显;次正明。

(丑)初,反显。

"世尊!我若作是念,我得阿罗汉道,世尊则不说须菩提是乐阿兰那行者。

我若作是念句,惟肇注本无此我字。按下句有我字,此原可省,今本既一依写经,故仍之。阿罗汉道,即谓离欲。阿

兰那,此云寂静,亦云无事。谓事相。相尽于外,心息于内,内外俱寂,无时不静也。即无诤三昧之别名。行者功行。乐者好也,心与契合之意。盖好之至极曰乐,有性命以之之意。乐阿兰那行,谓心之与行,契合无间,即证得之意。上句不言离欲而换言阿罗汉道,下句不言无诤三昧而换言乐阿兰那行者,取两名含义正同。阿罗汉为无生,谓一心不生也。阿兰那,内外俱寂,亦一心不生意。则存有所得便非真得之意,更为显然易明也。得此反显。则上来所云,有我等相即非菩萨,以及取相则为著我等相之义,乃益阐明。何以著我便非菩萨,以其功行全失故也。心念若起,必有取著。著则成相,其相便为我人众寿。盖其所以起念者无他,未忘情于能得所得故也。能得便是我相,所得便为人相,谁为能得,我也,故能属我。对能为所,犹之对我为人,故所为人相也。能所不一为众相,执持不断为寿相也。作一得念,便不能得。可知作一布施等念,便不能布施矣。则发大心行大行者,万不可住相也,明矣。因布施者若存有所施,最易志得意满,尚能广行布施乎?余可例知。

(丑)次,正明。

"以须菩提实无所行,而名须菩提是乐阿兰那行。"

正明中实无所行句,作实无其所行解,谓行而无其所行也。无所得义,亦如此。不可误会为一无所行,一无所得。

此科承上科来。应言实无所得。而今曰实无所行者,有深意焉。盖谓因修行此行时,无其所行,方名乐阿兰那行。换言之,即是因无其所行,然后乃能证得也。使一切因地之人,闻而悚然。倘不能无住而离相,则虚此修行矣。上举果位为言者,正为因地人作对照。今言小乘果位已毕,故特言实无所行以点醒之。不曰以我实无所行,而曰以须菩提,亦含深意。盖表明所谓实无所行者,乃自旁观者见得,而本人并忘其为实无所行也。意显即实无所行,亦不能存心中。存之便是住相。何则心存便是心取。若心取相,则为著我人众寿矣。又玩其语气,若代世尊言者。意明世尊说须菩提是乐阿兰那行者无他,正因须菩提实无所行耳。而名之名,亦有义。使知乐阿兰那行,亦属名相。性中著不得此语。

综观上数科之义。凡以明必得而无其所得,乃为真得。若有所得,便为非得。使因人知必行而无其所行,乃为正行。若有所行,便非行矣。云何无其所得,无其所行,不作念是也。不作念,正指示不取不住之方针。知此,然后无住始有入处。此皆所欲阐明者也。

(癸)次,约往因无得证。

佛告须菩提:"于意云何?如来昔在然灯佛所,于法有所得不?""世尊!如来在然灯佛所,于法实无所得。"

此世尊往昔行菩萨道,初登第八地时之事也。望于后成正觉,仍为因地。而望于初发心人,则为果位。今引此事,是为发无上菩提心者而说。故将此往因一科,并判入约果广明中。

然灯佛事,及为世尊授记本师事,见《本行集经》及《瑞应经》。然灯未出家时,本名锭光。有足为锭,无足者为灯。以生时一切身边如灯光故。世尊时为七地菩萨,名曰儒童,又曰善慧。正修行第二阿僧祇劫将满之际。遇佛闻法,证无生法忍而登八地。遂入第三僧祇。然灯为之授记云:是后九十一劫,名曰贤劫,当得作佛,号释迦牟尼也。无生法,即谓真如实相。忍者,通达无碍不退之意。所谓理智相冥,忍可印持也。

大乘证无生法忍,有种种说。《智论》谓登地约别教言便得。《仁王》等经,得在七八九地。须知圆初住上即已分证。所谓破一分无明,证一分法身。至于八地,则证圆满,故称无学。直至等觉,见性,犹如隔罗望月。唯究竟觉,乃证得究竟耳。

于法之法诸疏皆约授记语言说,欠妥。唯蕅益约无生法忍说,甚是。诸疏,盖泥于"弥勒颂"耳。颂云:佛于然灯语,不取理实智,以是真实义,成彼无取说。按偈颂中之语字,并非克指授记语言。世尊昔因闻法而证无生,故为授记。则颂中语字,似指然灯所说之法言。颂意盖谓闻法语而不取著于理体及实智。(别于权智,故曰实智)。以是之故,真实义得成。由此可证彼(谓世尊)决无取著于然灯所说也。(此句是颂长老实无所得句意。)总之,由其不著于理智,故能理智相冥而证无生。真实义,指无生言。无生法为真如实相,故曰真实义也。或指在然灯佛所所闻之法说,亦可。有所得者,有其所得也。有其所得,便是取著,便是住相。问意谓彼时闻法,能不住相否? 若约证得无生忍说,则得字更易明了。问昔得无生法时,心中有一个所得之无生法否? 此中不言作念者,以有其所得,便是作念,故省略之。世尊虽是探问,实已暗度金针,开口便曰如来。约性而言,法且无形,得从何有。世尊以下为长老语,于世尊二字可见矣。宋后经本,世尊上有不也,大误。凡不也下有文字者,皆为活句。观下文所答,乃决定义,何需此活句为也。长老开口亦称如来,正与问语针锋相对。其为无所得,已无待烦言矣。长老何以知于法实无所得,作此决定之词耶。以闻法住相,则心中生灭未息,何能便证无生。故知彼时得闻说法,而实无其所得也。此约闻法释。若约证无生法释者。既是证得无生法,岂能存有所得。若有一所得之无生法在,仍然是生灭心。尚能谓之证无生法乎。故知虽得无生法,而于此法实无其所得也。

以上依文解义已竟。而此科总义,尤含妙蕴,不可不知。何云总义,即何以又说此科是也。今略分三节说之。

上来诸科,于得果无住之义,业已阐发尽致。因地之人,当可了然,必应无住矣。然犹防人以为虽因果必须一如,果既如是,因亦应如是。然而小乘果位,与大乘因行,或者有不尽同欤。故小乘说毕,特又举大乘果位,亦是得而无得,不可住相之义以明之。使凡修大乘者,于无住之旨,毫无疑蕴也。此其一。

说大乘果位,不举佛而举菩萨者。防疑佛乃究竟觉,岂可相拟。而菩萨地位,则界于因果之间。本经下文又引此事而申言之曰:彼时若于法有所得,则不授记。以无所得,乃得授记。使知菩萨住相,便不能成佛。则发心修大乘者,若其住相,岂能成菩萨,又岂是菩萨行。故上科有言,若有我人等相,即非菩萨也。如此一说,因果一如之理,及无住之要,更得恍然。此其二。

引菩萨果位固已。然不举别地菩萨,独举第八地者,何故?因前说小乘果位,以得无生者为证道,为无学。故今举大乘,亦引第八地得无生,至无学者为言。无学,即证道之意。盖八地以前,虽证而未圆满,故称有学。若论究竟证,则在佛位。大小乘所证皆同。令闻者于无住之理,不致丝毫有疑。且本经开章便说当发心,令入无余涅槃,后又曰贤圣皆以无为法。涅槃也,无为也,皆无生无灭义也。故大小乘皆举证无生者言之,正与前言相应。使知既发心欲入无生,心不生灭。云何心能不生,必当无住于相。一有所住,是生灭心,那能证入无生耶。故无住,正是无生之唯一入手方法。此其三也。观此三义,可知本经义理之细密,线索之严整矣。结经者冠以佛告二字,正指示我们此中含有奥义,不可仅向文字中求也。

(辛)次,约因详显。分二:(壬)初,约因心正显;次,约经功校显。(壬)初,又三:(癸)初,先明严土不住;次,显成发无

住心；三，证以报身不住。

（癸）初，先明严土不住。

"须菩提！于意云何？菩萨庄严佛土不？""不也，世尊！何以故？庄严佛土者，则非庄严，是名庄严。"

菩萨修因时，六度万行，一一功行，回向净土。甲年讲此，并详谈佛土之义。佛者报身之相，土者依报之相也。此之谓庄严。所谓愿以此功德，庄严佛净土，是也。然则菩萨岂有不庄严佛土者。举此为问，正欲修行者明了庄严之道耳。不得其道，则所庄严者，皆在相上，与自性无涉，便成有漏功德矣。此举问之深意也。须知庄严佛净土，净字最要紧。土云何净，由心净耳。既须心净，所以庄严，不能著相，若心取相，便不清净矣。此意云何？必须明了上文不应取法两句之意，方为真实庄严之道耳。何则，庄严而著相是取法也。若误会不著相之意，而绝不庄严，是取非法也。举此以问，正是探试果能领会得两边不取之真实义否耳。

复次，上来叠举果德无住问答者，原为阐明因行亦当无住。至此正说到因行上矣。庄严佛土之菩萨，即发无上菩提之菩萨也。明得严土之道，便明得布施等之道矣。"不也"，活句。犹言非有所庄严，非不庄严。"何以故"下，正释其义。"庄严佛土者"句，标举之词。"则非"句，明其不著有，即是不应取法。"是名"句，明其不著空也，即是不应取非法。盖约心性言。**性体空寂**，空寂，即所谓真谛。真谛者，明其非虚相。欲证真谛，必应离相，故曰则非也。非，有离意。岂有所谓庄严，故曰非也。而约事相言，**可闻可见**，可闻可见，即所谓俗谛。俗谛者，世间相也。假有不实，故曰名也。明明具足庄严，故曰是也。意若曰：因其名相是有，故不应著空而取非法。菩萨应勤修六度万行以庄严之。因其心性本空，故不应著有而取于法。菩萨虽精进庄严，而心中若无其事也。如此一心清净，则土自净。此之谓庄严佛土，方得庄严之道。须知修因克果，而得胜妙之报身，清净之佛土，皆由心现。且皆由心净，乃能现之。譬如磨镜，尘尽而后像显。故《唯识论》云：大圆镜智，能现能生身土智影。总之，庄严佛土，应不取著，不断灭。"则非"者，明其不取著相也；"是名"者，明其非断灭相也。又甫言"则非"，即接言"是名"者，明其虽非而亦是。性必现相，性相从来不离。若知其非而不取著时，何妨庄严其相也。欲言是名而先言则非者，明其虽是而却非。因相本以性为体，相从性生。

故于行其是而不断灭时,仍应会归于性也。此是佛与须菩提问答阐明之要旨。吾人必应领解此旨,依教奉行者也。

"则非"、"是名"两句,即开念佛法要也。则非者,明自性清净,本无有念也。是名者,明妄念繁兴,必须执持名号以除妄念也。必应念至无念而念,念而无念,妄尽情空,一心清净而后可。是之谓一心不乱,不乱即所谓清净也。如其心净,即佛土净矣。

(癸)次,显成发无住心。

"是故须菩提!诸菩萨摩诃萨,应如是生清净心。不应住色生心,不应住声香味触法生心。应无所住而生其心。

此科经文不多,却是结束前文。为自开口说起说至现在,千言万语之点睛结穴处。故其中义趣,甚细甚深。若只依文解义,等闲看过。则孤负佛恩矣。今欲说明云何点睛结穴,先当依文释义。而寥寥两行余之文,七穿八透,妙义环生。即依文释义,亦复不易也。

是故者,所谓承上起下之词也。既是通贯前来诸说,则不但上承严土，亦不但上承约果广明，且不但上承详谈中生信一科。直是紧与开经处总示数语，呼应相通也。且先就近脉言之。上来先明四果，各各得果无住。次须菩提自陈得果，亦无所住。此皆小乘也。次世尊复就自身往事，以明于法实无所住。经云：于法实无所得。即是于所得之法不住也。此言大乘矣。然犹界于因果之间。最后更就菩萨修六度时，于庄严佛土，亦无所住。"则非"句，不住法相也。"是名"句，不住非法相也，则专说大乘因地矣。如此不惮苦口，层递说之，愈说愈近。无非欲阐明此科中之应生清净心，应无所住而生其心耳。因即以是故二字，承上起下。以明上来所说，皆是为生心无住，无住生心作张本。亦即为善男子、善女人发阿耨菩提心者，指示方针耳。约果广明，原承"一切贤圣皆以无为法"句来。而彼句又是结以前所说者。所以此科，与开口处善男子、善女人等句呼应相通。诸菩萨摩诃萨，即开经处所说之菩萨摩诃萨，亦即发阿耨多罗三藐三菩提心，应云何住、云何降伏之善男子、善女人也。应者，决定之词。无论小乘大乘，果位因地，皆当无住。可知发大心者，决定亦当无住。非此不可，故曰应也。

　　此科之文，既是承上起下。则如是二字，即并指上下文。只说一边，义便欠圆。且先约指下文说，盖正指"应无所住而

生其心"句。而"不应"两句,亦兼指在内。须知"不应住色"两句,乃"应无所住"句之前提。故说到"应无所住而生其心"句,则"不应"两句之义,便全摄在内矣。总之,"不应住色"乃至"而生其心"三句,皆是应"生清净心"句之注脚。如是则净,不如是则不净。故曰,应如是生清净心也。

此科之文,是教导发菩提者,应当如是。何以不曰发心,而曰生心?请问发心生心,同耶异耶?曰同而不同。生即是发,何异之有,故曰同也;生之取义,比发字深,何以言之?发者,但约其已经表著,为人所知者言。生者,不但言其表著,且有推究其本源之意。因凡言生,必有其根。若无有根,云何得生。故发心之义,谓其先无而今发起。而生心之义,乃谓其本具而能现前。故生心比发心义深,此其不同也。何以得知生心之义,乃是如此。观清净心三字,便可了然。盖清净心,即是本具之性。所谓自性清净心,是也。清者不浊,净者不染。譬如真金,辱在泥涂;用功洗涤,真金宛在。性亦如是,虽一向为无明烦恼尘垢所障,但能依法修行,清净本性,依然现前矣。故此句之意,是说凡发无上正等觉心之人,应令清净本性现前。故曰应生清净心。言下有回头是岸意。其警人也深矣。不但此也。盖指示前来千言万语,言不应住相者，无非欲令见性耳。清净，即无相之意。凡夫著相，因之障性。今欲见性，相何可著。盖凡夫著相，故不清净。心不清净，所以障性也。今欲见性，故应清净。清净其心，故应离相也。且说一生清净心，无异说明发菩提心之所以然。何谓发菩提心，曰一心清净是已。若心不清净，则所发者尚得谓之无上菩提乎！何则？菩提者，觉也。觉者，觉照本性也。且本性，又名大圆觉海也。当知本性一尘不染，清净无比。既曰发觉，而又著相，则与觉字正相背驰。所谓背觉合尘之凡夫是也。故发觉心，必应合觉。云何合觉，必应背尘。背尘者，不住于相之谓也。由此观之，此一句中，具有无数提撕警策之意。

初发菩提心，云何便能清净心现前。须知正因其不能，故令如是而修。云何修，下文所谓应无所住是也。云何无所住，下文所谓不应住色、声、香、味、触、法是也。此正的示无住之用功方法。"不应住色"两句，义趣深广，若只略略看过，仅明其一义，真是孤负。且义蕴既未穷究，用功又岂能扼要，岂能切实，岂能入细。既是在浮面上做，则相何能离，性又何能见乎？故曰孤负也。不但孤负佛恩，直孤负自性矣。

（一）此色、声、香、味、触、法，名为六尘。举此为言者令

明若著其一，便是尘心。正与清净心相反。此发正觉之心者，所以必应背尘，背尘而后合觉也。不应住六尘者，犹言不应合尘，合尘则背觉矣。其中消息，间不容发。真所谓人心惟危，道心惟微。

（二）色、声、香、味、触、法，所谓器世间也，亦谓之境界相。今云不应住此六者，即不应住相之意。色、声、香、味、触、五字，包括世间一切可见可闻之境界。法之一字，包括世间一切不可见不可闻，而为心思所能及者之境界。举此六字，一切境界相摄尽，亦即世间一切境界皆不可著。不但可见可闻者不应著，即不可见不可闻者亦不可著。此是教诫学人，世间一切，皆应不著。

（三）不应著者，岂止境界而已。盖表面只言一六尘，实则连六根、六识一并说在内矣。若但就表面观，即前云但在净面上做，则不住二字功夫，不能彻底，亦复不能扼要。虽欲不住而不可得也。须知色是外境，本无交涉。交涉发生，生之于住。是谁住之，曰眼也。眼云何住，曰眼识也。乃至法是呆物，若不住著，毫无关系。其发生关系，固由于意。而实由于意中惯于攀缘分别之意识。由是可知，经云不应住者，令学人应于识上觉照，不起攀缘分别耳。经不但云不应住色,不应住声、香、味、触、法,而其下缀有生心二字者,正指示学人欲不住相,应在心上觉照。即是应在起心动念时,微密用功。如是乃为切实。

(四)在起心动念时用功,此是初学者下手处,还须断其思惑。云何断,发大悲心,广修六度,是也布施、持戒,度贪;持戒、忍辱,度嗔,亦复度慢;般若则度痴;禅定既度嗔,而定能生慧,亦复度痴。而以精进之精神贯注之。且六度皆自大悲心出,则度度皆为利益众生。此又除我之利器也。盖因我见而起贪嗔痴慢,故易起心动念。今欲不为色、声、香、味、触、法起心动念,必须在大悲心六度行上加功,乃为扼要也。

(五)如上所说,仍未究竟。必须戒定坚固,生起般若正智。无明破得一分,识乃转得一分。待得八识皆转,乃为彻底。初学必须多读大乘经典,般若尤不可须臾离。依文字起观照,令其解慧渐渐增明,正是釜底抽薪之法。而解慧增明,更可以增长戒定之力。盖戒、定、慧虽称三学,实是一事,有互相资助生起之妙。而定、慧,尤不能离,定固生慧,慧亦生定也。此义不可不知。

(六)生心二字,不但是令应在起心动念时用功,尤有深意存焉。盖防不得意者不明用功方法,误会不应住之意者,一味遏捺意识不令生起。如此行之，其急躁者必致发狂呕血。即或不然，亦是禅宗呵为坐在黑山鬼窟里作活计者，与外道之无想定何异。既然道理不明，不知本性活泼泼地，无相无不相，是谓道理不明。则慧不能生，惑不能除，业苦当然亦不能消，甚或转为草木土石无知之物。须知小乘之灭尽定，并非由遏捺意识而得，乃由证性，想自不起。且到此地位，亦不应住。住则堕无为坑，焦芽败种，亦为世尊所呵。故经文既曰不住色等，又曰生心。以示发菩提心者，不应住于尘相，非令心如死水也。此意正与下文应无所住而生其心，互相叫应，指示学人既明且切矣。

（七）不住六尘生心，更有一义。盖合上句言之，是令发菩提修六度者，当拣别真心妄心。上句清净心是真心。此二句住尘是攀缘心，即是妄心。《楞严》云："一切众生，从无始来，种种颠倒，诸修行人，不能得成无上菩提。乃至别成声闻、缘觉及外道等，皆由不知二种根本，错乱修习。一者，无始生死根本，则汝今者与诸众生，用攀缘心为自性者。二者无始菩提涅槃元清净体，则汝今者，识精元明，能生诸缘，缘所遗者。"此中上句曰应，下二句曰不应，正亲切指示不可错乱修习也。须知住尘之心是识。因其攀缘，名之曰妄。而此之妄心，原是真心之所变现。云何变？由其不达一真法界，分别人我故也。故发大心之人，首须拣别真妄。不应以住尘著相之心为真心也。所以本经专重破我。不应住六尘生心，即谓不应著我也。何以著尘即是著我。譬如行六度者，若意在人知，便是住色，乃至著法。如此等等，无非我见之故也。说此两句，原为叫起下句。

应无所住，亦有多义。（一）即谓于六尘无所住。（二）谓根、尘、识，一切不住。不论住著者为何，心便染污，便是尘相。（三）无所住者，一无所住之意。（四）无所住者，无其所住也。所住为色声香味触法。今云应于心中无其所住，非谓无有色声香味触法也。含有不执著，亦不断灭两意。复次所住之无，由于能住之空。所住指境言，能住指识言。故应无所住，犹言应令情识尽空。

而生其心之而字，有两义：（一）而者，而又之意。应无所住，而又生其心。此承前说无所住，兼有不断灭意而说。即是说明上文所言不应住六尘生心者，乃是应心中无其所住之色声等相，非谓断灭相。不断灭者，以心不可断灭故。上言不应住尘生心者，是令应无所住而生其心耳。其字可指菩提，以及六度。如是，则所发修行六度之心，方为菩提心。以

其背尘离相,合于自性清净心故。(二)而者,而后之意。此承前说应无所住,犹言应令情识俱空来。则其心即指清净。谓无所住,令其妄尽情空,而后方能现其清净心耳。生者,现前之意。盖"应生清净心"句,是标举之词。"不应"两句,是修行方法。"应无所住"句,是功效。必须如是作种种释,庶几经义稍觉显豁圆备,然亦不过大海一滴而已。上来依文解义竟。

以上依文释义已竟。云何是上来诸说之点睛结穴处乎?且逐层逆说而上。前科不云则非是名乎。四字之所以然,前科原未显发,故此紧承其意而阐明之。然则"如是"二字,可说是正承则非是名来矣。谓发大道心者,庄严佛土。应观照则非是名之义趣,生清净心也。盖"则非"句,是明应无所住。何则,生本无相。庄严者,其心应于六尘等相,一无所住,故曰则非。知得则非,则心净矣。所谓欲净佛土,当净其心,是也。"是名"句,是明应生其心也。何则,但应心不住相,并非断灭其相。故曰是名。是名者,名正言顺,不能废其事也。须知庄严之事相,不能断灭。即是庄严之心,初未尝息,心未尝息,便是生其心也。总之,庄严而心不住相。则炽然庄严时,其心却湛湛寂寂,不染纤尘。虽曰生心,实则生而无生,一心清净。故曰应如是生清净心。心净土净。所谓随其心净,即佛土净是也。菩萨庄严佛土,如是如是。此是发大道心,修六度万行,庄严佛土者之模范也。

　　上生信一科,有两要句。曰:不应取法,不应取非法。此两句不但摄上科意尽,亦复摄全部意尽,前已屡言之矣。而此中之应生清净心,应无所住而生其心,又是"不应取法"两句之点睛处。盖上科两句,是分开说。至此,则将两句之意,合而为一以说之矣。何以言之?应无所住,不应取法也。生其心,不应取非法也。今云,应无所住而生其心。岂不是说,虽不应取法,而亦不应取非法乎。前言不取法,应以不取非法为界,正是从此处悟得者。所以独拣持戒修福者能生信心,亦因其决不致于取非法相,方堪修此不著相之般若耳。可见吾辈必应先将非法相一面,关得紧紧,绝对不取。然后修习不取法相,方合佛旨,而生般若正智,以证般若理体。不但此也。试观"应生清净心"句。清净即是无所住。应生清净心,犹言应生无所住心也。而无所住,是不取法。生心,是不取非法。应生清净心,是言清净要在生心中显现。但清净,不生心,便是死水。佛法所不许。岂不是说不取法,要在不取非法中做出乎。

换言之,不取法,空也。不取非法,有也。无所住而生心,是明空不离有。生清净心,是明空在有中。空不离有,犹言色不异空,空不异色。不离不异渐合矣,然而空还是空,有还是有,是犹一而二也。若空在有中显现,则色即是空,空即是色。空有相即,则二而一矣。此之谓空有同时。必能如是,方为两边不著。何以故?尚无所谓两,从何著边耶!不但此也。既曰无所住,又曰生其心。岂非无所住,亦应无住乎?而应生清净心之清净二字,即所谓无所住也。然则生清净心,无异言生无住心。虽生而无住,是明其生即无生,即是不住于生心也。不住生心,即是不住不取非法。而不住无所住,亦即不住不取法。岂非两边不取亦应不取乎。故上科于两边不取之下,即引筏喻,以明两边皆舍也。上言空有同时,明其尚无有两,边无从著。然而犹妨著于一也。著一即所谓但中。今则空有俱空,一且不存,著于何有?无碍自在,是真清净矣。"不应取法"两句之真实义,至此阐发深透,故曰点睛也。他如无法相亦无非法相,即是应无所住而生其心。非法非非法,即是空有俱空之清净心,亦即无为法。空有俱空,则心行处灭,言语道断,故曰不可取,不可说。此皆显而易见,可无烦言矣。

上科又有要句,曰:若见诸相非相,则见如来。其所以然,亦在此中阐明。诸相非相,云何能见。若其心被尘染而背于觉,方且迷相为真,何能见得诸相非相乎。必须于六尘等相一无所住,而心清净庶几其可。何以故？如来是已究竟证得清净心者。不住六尘之人,虽未能云证得。而渣滓渐净,清光现前。譬如清净水,能现清净月。故曰则见如来也。盖如来是性体之称,必须不著相而照体,方能见之耳。

上科开首不云乎,菩萨于法,应无所住行于布施。虽曾说明不住色、声、香、味、触、法,便是布施不住于相。然而必须发心布施时,其心本不是住在六尘上生起的。然后行时,方能不住于相。若其心不净,行时岂能不著相。可知此中所说,正是说在本源上。虽上科所说,未尝不含有心字意在。其后亦曾点明之曰:若心取相云云。实则至此乃为阐发显明。若无此段发挥,则布施不住相,便未易得手。故曰此科是上来诸义的点睛结穴。睛既点,则全身俱活。穴既结,则万脉朝宗。然后千言万语,一一都有个着落。而依教奉行,事事才有个把握矣。

总而言之,明得无所住而生心之真实义。则所谓生者,乃是任运而生。所谓无住者,无妨随缘而住。随缘而住者,

无心于住,虽住而实无所住也。任运而生者,法尔显现,曰生而实无所生也。果能如是,则法法都显无住真心,物物莫非般若实相。正古德所谓尘尘是宝,处处逢渠也。所以我须菩提,前于世尊著衣乞食行坐往还时,荐得无住的妙谛,即于大众从座而起,顶礼赞叹曰:希有世尊,善护念,善付嘱。而请问发大心者,应云何住?云何降伏?我世尊即逗其机而印许之曰:应如汝所说之善护念付嘱者,如是而住,如是而降也。以下复详哉言之,譬如千岩万壑,蜿蜒迤逦,直至此处而结之曰:应如是生清净心,无所住而生其心。应生清净心者,所谓应如是住也。应无所住而生其心者,所谓如是降伏其心也。得此中一个如是点醒,然后开口总示中所说的两个如是,才有个着落。即是上面两个如是,得这一个如是,其义乃更亲切,更透彻。谓之遥相呼应,尚隔一层,直是融成一味矣。所以此科两行余文,是从开经至此的一个大结穴。如堪舆家然,千山万水,处处提龙。若找不出个正穴来,难免在旁枝上着脚,不得要领。若寻得正穴,则砂也,水也,青龙也,白虎也,处处皆为我用矣。学佛亦然。学佛必须依教奉行,教义幽深,必应得其纲要所在。而此段,乃前来所说诸义之纲要也。应于不应住色生心,不应住声、香、味、触、法、生心上,如

234

是知，如是见，如是信，如是解。无论修行何法，行住坐卧，不离这个。庶于无住之旨，才有个入处。而自性清净心，才能渐渐透露出些消息来。其所修之法，亦可望有个成就之期也。千万千万。又此段既是上来诸义之纲要。解得此纲要，以行布施等法，则头头是道。所以下科约经功校显中，其福德大于生信者，不知若干倍也。

（癸）三，证以报身不住。

"须菩提！譬如有人，身如须弥山王。于意云何？是身为大不？"须菩提言："甚大，世尊！何以故？佛说非身，是名大身。"

譬如者，比喻也。凡是喻说，皆以证明法说。上之法说，虽已阐发无遗，今复证以喻说者，无非欲闻者更得明了耳。有人，暗指发大道心之人。大心为因，大身为果也。须弥山王，喻胜妙报身。此身微妙，虽有形相，然非地上菩萨不能见。正是多劫勤修六度万行，福慧双严，功行圆满，方能证得，所谓无边相好身也。若疑胜妙果报身相，不同凡相。此若不取，则修六度万行何为？殊不知无论果位因地，相与非相,皆不可取。若于此理少有未明,则修因时,便于应无所住而生其心不能深契!此佛举问之微意也。须菩提深领佛旨,故开口即答甚大。言甚大者,明其此身不无,无异先与怀疑者以定心丸,使知发大愿,修大行,必获胜妙大身,固真实不虚也。何以故者,谓以何原故,获此大身耶?佛是果德之称。非身有两义:(一)约证果说,所证乃清净法身之体,非此报身之相也。则非身指报身言。(二)约证果说,既是法身体。而此法身周含沙界,其大无外。遍入微尘,其小无内。无形相,无数量。故净名云佛身无为,不堕诸数。意显约体言,故说非身。则非身指法身言;是名大身,指报身言,以明胜妙高大之报身。意显约相言,故说甚大。是名者,名相也。意若曰:约证法身说,实为无形相之非身,岂有大小可说。今云甚大,乃就报身名相言之。得果者,虽不无此高大之相,而实不存有所得。存有所得,便是住于身相。若住身相,何云证清净无相法身。法身未证,亦无甚大之报身矣。若明此理,则知不应取身相,然亦非无此胜报。能修六度万行而不取著,则证清净法身。而一切胜相,自然显现矣。不必著有,不必著无。然后修因时,便能不取我相,不住六尘,而生清净心矣。

(壬)次,约经功校显。分二:(癸)初,显福德胜;次,显胜所以。（癸）初，又三：（子）初，引河沙喻；次，明实施福；三，显持经胜。

（子）初，引河沙喻。

"须菩提。如恒河中所有沙数，如是沙等恒河，于意云何？是诸恒河沙，宁为多不？"须菩提言："甚多，世尊！但诸恒河，尚多无数，何况其沙。"

天竺有一大河，名曰恒河。恒字音少讹，应云殑伽河，此翻福河。印度此河，譬如中国之黄河长江，灌溉全国，于交通种植商务文化上，利益甚大，故曰福河。又古时印度人视为圣水，得见此河，或入河沐浴，其福无量。故亦翻天堂来。以其出处高也。中国亦有黄河之水天上来之句。佛经云：赡洲北向有九黑山，次有大雪山，更有香醉山。香南雪北，有池名阿耨达，此云无热恼。池之纵广五十由旬，八功德水充满其中。池有四口，口出一河，湍流入海，各分二万五千道大河。统灌四大洲，东口所出，即殑伽河也，入东南海。南口出信度河，入西南海。西口出缚刍河，入西北海。北口出徙多河，入东北海。

恒河之沙极细,细则其数益以见多。故佛经中凡言极多之数不可计算者,则以恒河沙喻之。又因天竺人人知有此河,知河中沙数不可计算。举河沙为喻者,以其为大众所共晓也。如恒河之如字,譬如之意,其口气贯注下文如是沙等恒河句。沙等恒河者,将现在恒河中所有之沙,一沙化成一新河。原来之沙数无量,则新恒河与之相等,其数亦复如是无量。故曰如是沙等恒河。犹言譬如将现在恒河中所有的无量沙数,化为与如是无量沙数相等的无量新恒河也。是诸恒河者,是者此也。诸谓无量。问此无量新恒河中之沙,可为多否?答曰甚多者,明其多至不可说也。但诸下数句,谓但就新恒河言之,已多得无数可计,何况其中之沙,其数更是无边,无可形容,只得笼统说一个甚多耳。

(子)次,明宝施福。

"须菩提!我今实言告汝,若有善男子、善女人,以七宝满尔所恒河沙数三千大千世界,以用布施,得福多不?"须菩提言:"甚多,世尊!"

实言告汝,说在此而意注下科,使知下文所说持说之福,更多于此,是真实语,不可不信。古文中之尔所,即今人行文所谓如许。如许者,指点之词,即沪谚之"格许多",北谚之"这默些格"也。

恒河无量,河沙无边。尔所恒河沙数,犹言无量无边也。须菩提深领佛旨,知上来所说,无非借有为法之极大福德,作一比例。以显持说之无为法,福德更大于此。意原不在于此。故但答曰甚多,不加别语。

(子)三,显持经胜。

佛告须菩提:"若善男子、善女人,于此经中,乃至受持四句偈等,为他人说,而此福德,胜前福德。

受持及四句偈之义,前已具说。四句偈等,极言持说极少之经,尚且福德胜前。则持说全经,其福更胜,不待言矣。受持,则能自度。为他人说,则能度他。自度度他,是菩萨行。故福德极大也。持经说法,福德胜过布施,其义有通有别。通者,无论持何经,说何法,莫不皆然。别者,专就此经说也。

今先明通义。约自度言,布施若不知离相,福德大至极处,亦不过生天而已。故名为有漏功德。即是言其尚漏落在生死轮回道中,说不上自度也。若能受持经义,能开智慧,能知轮回可畏而求脱离。行布施时,亦知离相。则是福慧双修,能达彼岸,了生死,证圣果。视彼但能生天,仍不免入轮回,相去天渊。所以虽仅受持一四句偈等,其福便胜于充满无量无边大千世界之宝施,何况受持全经者耶!

约度他言,财施不及法施,具含多义,兹略明之。(一)财施,施者受者未必有智。法施,非有智不能施,亦非有智不能受。(二)财施,施者得大福,受者只得眼前小益。法施,则施与受者皆得大福。(三)财施但益人生命,法施则益人慧命。(四)财施伏贪,法施断惑。(五)财施双方不出轮回,法施双方可了生死。(六)财施双方之受用有尽,法施双方之受用无穷。(七)财施施小则所益者小,法施可以少施获大益。问:然则但行法施,不行财施,可乎?曰否。菩萨摄受众生,财施亦不可无。但宗旨在行法施,不以财施为究竟耳。以上为通明持说一切经法二利之益也。下科正别明持说此经之益。须知金刚般若,直指本性。若能见性,便可成佛。岂但自己了生脱死,令众生了生死而已。直可度无量无边众生,皆令成佛。绍隆佛种,莫过此经。其福德之大,不可思议,又岂止胜前满无边大千世界宝施之福德已哉!

(癸)次,显胜所以。分二:(子)初,明随说福;次,明尽持福。

(子)初,明随说福。

"复次,须菩提!随说是经,乃至四句偈等,当知此处,一切世间天人阿修罗,皆应供养,如佛塔庙。

凡言复次,虽是别举他义,实以成就前义,前已详言之矣。随者,不限定之意,略言之有五[原文如此——编者按]:曰随人,无论僧俗圣凡;曰随机,无论利根钝根;此即浅深互说意。或说第一义,或说对治。曰随文,无论多少广略;曰随处,无论城乡胜劣;曰随时,无论昼夜长短;曰随众,无论多人一人;如遇宜说机缘,即为说之,此之谓随说。当知者,警诫不可轻忽之意。此处即指说经之处,说经处如此,说经人可知矣。下科云:当知是人云云。故知言处,兼言人也。总之,闻经者不可不存恭敬心。何以故?尊重法故,不忘所自故。而说经者却不可存此心,何以故?远离名利恭敬故,不应著相故。此则双方皆应知之者。又如《大般若经》云:帝释每于善法堂，为天众说般若波罗蜜法。有时不在，天众若来，亦向空座作礼供养而去。此即诸天遵依佛说，恭敬说经处之事实也。又《大品》云：诸天日作三时礼敬，六斋日弥多。经所在处，四面皆令清净。

世间犹言世界。间者，间隔之义。如言一间屋，是明屋之界限。若其无界，何名一间。故说世间，无异乎说世界也。世是竖义，三十年为一世也。界是横义，各方各处各有其界也。今曰一切世间，明其竖穷未来，横遍十方。即是尽未来，遍法界义。

言天言人，意即赅摄三界所有众生。而言天言修罗，意即赅摄天龙八部也。故名虽举三，意包一切。皆应二字，正与当知相呼应。云何当知，以皆应也。应者，非如此不可，故当知也。

供养有二：（一）事供养，略说十事。即香、花、璎珞、末香、涂香、烧香、幡盖、衣服、伎乐、合掌礼拜，是也。说经之处，乃是道场，故应如是庄严恭敬。（二）法供养，即是如法修行，利益众生，如闻而展转为他人说，或以经赠送等。摄受众生，如劝人来听，分座与人等。乃至不舍菩萨业，如遇阻难，亦必来听，即是不舍。不离菩提心如发起大愿大行，不违般若正智。不离者，不与经旨相违也。等,是也。

如佛塔庙者,言皆应如供养佛塔佛庙一般的供养。供养塔庙,人所共知。说经之处,或忽视之。故举塔庙为例。以明说经即是道场,便与塔庙一般无二,故皆应供养也。何以便是道场,下文更郑重明之。总以发明说法人是佛所遣,所说法本是佛说。故代佛宣扬,即同佛在。《法华》云:"能为一人说《法华经》,乃至一句。是人则为如来所遣,行如来事。"《法华》然,一切经皆然,《金刚般若》更无不然。上文曰当知者,指此。若其知是人为佛遣,法是佛说,自知皆应恭敬供养矣。

塔是梵语,具云塔婆,其音少讹,实是窣堵波也。义云高显处,亦翻方坟圆冢。塔必高显者,所以表胜也。佛塔多种,今且明四。所谓生处塔,成道塔,转法轮塔,般涅槃塔,是也。今教供养如塔,即摄此四种塔之义也。何以言之。此经是明实相。实相者,佛之法身也。又曰:一切诸佛从此经出,则此处岂非佛生处之塔乎。闻法而后知修因证果。而此经生福无量,夙罪皆消,当得无上菩提。故此处便同佛成道处之塔也。代佛宣扬大乘最上乘法,是此处正为佛转法轮处之塔矣。般涅槃者,义云无为,亦为生灭灭已,理事究竟之义。而此经所说皆无为法,令闻者灭生灭心,证究竟果,所谓令人无余涅槃而灭度之。谓此处即是佛般涅槃处之塔,不亦可乎。

庙者,貌也。意明供佛像处,梵语为支提。凡是佛塔,必供佛舍利。舍利即佛真身。凡供佛像之庙,必有经法,必有僧众。言一庙字,即是住持三宝所聚之处。今云如佛塔庙,是明说经人代佛宣扬,便同真佛在此。说此大法绍隆佛种,便是住持三宝。故曰佛塔庙,皆应供养。上文曰为他人说福德胜前者,因此之故。由此可证经虽说处,意实在人。然而尊重说经人若此。倘说经人非法说法,法说非法,妄谈般若,误法误人,其罪业之大,亦不可言喻。从经之正面,即可看到反面。此又说经人所当知,应兢兢自审,不可少忽者也。故下文又曰:何况尽能受持云云。受者,谓领纳真实义也。持者,谓依义修持也。然则不能修持,便是能说不能行,如数他家宝,自无半钱分矣。且不能修持,亦必不能领纳。因甚深微妙真实义,决非能从文字上领会得的。不能领会而说,势必至于妄谈般若,浅说般若矣。警戒说经人,可不谓之深切著明乎哉。

(子)次,明尽持福。分二:(丑)初,正明尽持;次,正明所以。

（丑）初，正明尽持。

"何况有人尽能受持读诵。

言受持，复言读诵者，明其必能领纳修持，方为真能读诵。不然，读诵之益小矣。且既能受持，还须读诵，以经中义蕴无穷，时时读诵，更能熏习增长，则受持之力日益进步也。上言说，此言受持，一不同也。上言随说四句偈等，此言尽能受持读诵，二不同也。而言有人，不若另是一人，初未指定即是说经之人者言。何况，亦是显明尽能受持读诵之人，更胜于随说之人。然而世尊如此分而说之者，一以明其受持功大，使人皆知趋重此点。二以明其能说，必由能受持来。随说，必由尽能受持来。若非尽受尽持，岂能头头是道，为大众随时随处随机随文而说耶！三以明尽能受持，必应遇有宜说之机会，即须为人说之。非但尽能受持，便是更胜也。故上文与此科之文相虽别，义实互相彰显。则如来之意，实欲人人既能说，又能受持。既能受持，又能说。不可分而为二，各行其一。此意云何知之？于下言成就二字上，便可了然。盖世尊说此经法，原望人人成就。而成就必须自度度他，二利圆满方可。若但知说，或但知受持，是于利他与自利，偏在一边，尚有成就之望乎！故知经文，话虽分说，义实一贯。读经闻法，不应执著文字相，必应如是领会真实义。此之谓依义不依文。又先言随说一段，与经初先言尽所有一切众生之意正同。意明菩萨发愿，未能度己，先欲度他。度他即是度己也。次言何况尽能受持，亦与经初言，复次菩萨应无住法而行六度之意正同。意明度他还要自度，而自度原为度他也。若不领会得自他不二之义，尚能谓能受乎，尚安有成就可期乎？世尊说法，如牟尼珠，面面俱圆。若不如此领会，岂不辜负此文。须知各经之文，无不说得极其周到详密。特恐人粗枝大叶，一知半解，不能尽空诸见，静心体会。必致取著片面，昧其全体，自误误他。所谓依义者，是教人必须融会贯通，明其真义所在。而不依文者，即是不可闻得一言半语，便断章取义耳。

（丑）次，正明所以。分二：（寅）初，约成就正显；次约熏习结成。

（寅）初，约成就正显。

"须菩提！当知是人，成就最上第一希有之法。

最上第一希有之法，何法乎，即阿耨多罗三貌三菩提法也。此法为究竟觉自证之法。成就此法，亦即成佛之意。《弥陀经》云：释迦牟尼能为甚难希有之事，能于五浊恶世中，得阿耨菩提。甚难希有，即第一希有也。更无在佛之上者，故曰最上。若分言之，阿耨菩提，义为无上正等正觉。正觉者，从来不觉，而今能背尘合觉，非希有乎。正等者，等是平等之义。今不但自觉，而能觉他，自他不二，空有不著，平等法界，是第一义，故曰第一。无上者，径达宝所，证究竟觉，所谓无上菩提。无上即最上义也。古注浑简，现为确凿言之，使知其义。至后人所注，或以三身释，或以三般若释，则义欠亲切圆满矣。成就者，言有成就此法之可能也。是人，即通指随说是经，尽能受持，及闻经而能受持，能随说之人。当知二字，统贯下文。若就本句说，谓如是之人福慧并修，自他两度，便得直趋宝所，大有成就，不可轻视。如知得是人成就不可思议，便知其福德远胜于以充满无边无量大千世界之七宝布施者。一有漏有为，一无漏无为，所以致异者在此，奚足怪乎。

（寅）次约熏习结成。

"若是经典所在之处，则为有佛，若尊重弟子。"

中国经字，本有路径之义。典者，轨则之义。是经所明，皆是发菩提心者不易之正轨，共遵之觉路。行此路，依此轨，自然直达宝所。故此经所在之处，便是宝所。既成宝所，故佛及一切贤圣，莫不在此。若尊重弟子，犹言以及一切贤圣。若者，及也。尊重弟子，或曰指迦叶、目连诸大弟子。或曰指文殊、普贤诸大菩萨。总之，佛所在处，便有大众围绕而为说法，譬如众星捧月。故尊重弟子，是统谓一切贤圣、菩萨、罗汉，尽摄在内，不必分别专指也。《大般若》云：般若所在之处，十方诸佛常在其中。故欲供养佛，当知供养般若。般若与佛，无二无别。知十方诸佛皆在于此，则知遍虚空尽法界之一切菩萨罗汉，无不尽在于此矣。总以明此经殊胜，在处处贵，在人人尊而已。

综上来数科观之，初显说经之处，次显受持之人。至此，则知所以显处显人，实为显此经之功。经功非他，即是般若正智。则所以显经,又复实为劝人供养此经,读诵此经,受持此经,广为人人说此经,以期由文字起观照,证实相耳。佛之说法,眼光四射,面面俱圆,如此。

又初显处时,说皆应供养如佛塔庙,是明说经即是住持三宝也。今则言凡经之所在处,便为有佛,及一切贤圣,是明常住三宝也。而中间乃曰,是人成就最上第一希有之法,是明其成就自性三宝也。合而言之,便是因住持三宝,证自性三宝,成常住三宝。亦即因常住故住持,因住持故常住。且云何住持,云何常住,全仗自性以成就之耳。

又上言成就殊胜,以显福德殊胜之所以然。今更言熏习殊胜,以显成就殊胜之所以然。何以故?以经典所在,既是佛菩萨等所在。则持说之者,便是亲近诸佛菩萨等大善知识。如此时时熏习自性,岂有不大获成就者乎。

又初言如佛塔庙,云何说经之处如佛塔庙乎。今则曰经所在处,佛及贤圣皆在,岂非显明上文如佛塔庙之所以然乎。总之,既曰如佛塔庙,又曰佛及贤圣皆在,皆明此经是三宝命脉所关。故不惮详言,至再至三,使一切众生尊重此经耳。

又上言成就,即接言经典在处,则为有佛,若尊重弟子。此又显明是人之成就,最上则如佛,次亦如一切贤圣,而为第一希有。何以故？发无住心者，当证无为果，故一切贤圣皆以无为法而有差别，故持说无为实相之经，岂不成就此法乎。

此数科经文，文字无多，妙义无穷，发挥难尽。兹不过略略言之，已如上述。是在人人善于领会之矣。

又前次校量显经，以一大千世界宝施，比较显其福德。今则以无量无边大千世界宝施，比较显其福德。何以前后相差若此，其义云何？盖前次显胜，是说在能生信心之后，且曰一切诸佛及诸佛无上正等正觉法，皆从此经出。是明其如能闻是章句，信心清净，便是趋向佛智，故有如是福德。然不过初发净信之心，未能深入，所以只以一大千世界宝施显胜。今则不然，乃是说在开解之后。云何开解？所谓生清净心，无所住而生其心，是也。且曰当知是人成就最上第一希有之法，复曰则为有佛，若尊重弟子。是明其如能领解无住生心，生心无住之真实义，便有大大成就的可能。因解得经义，便得纲要。以视前之但具信心，未得纲要者，相去天渊。故以无量无边大千世界宝施比较显胜。是明此人之福德，超过前人无量无边倍矣。何以故？一是初发信心，粗知名字。一是深解经义，渐能入观故。须知此经专明实相，直指本心。受持之者，果能直下承当，依经起观，则生福灭罪，径证菩提，功德何可称量！而前半部五次校显,若经功有大小者,实因持诵者功行之浅深,成此差别,非经功有差别也。

(辛)三,请示名持。分二:(壬)初,请;次,示。

(壬)初,请。

尔时,须菩提白佛言:"世尊！当何名此经？我等云何奉持？"

向下文义皆细,应当谛听。因文相关涉前后,须合前后统观而互说之,其义乃彻。既是综合前后而说,故义意繁密。恍惚听之,便难领会。

尔时者,前言已竟之时。意显领会得纲要时,便当行持,不容稍懈。所谓解时即是行时,是也。结经家特标尔时,意在于斯。

又本经中凡标尔时,须菩提白佛言句,皆表更端之意。俗云另行起头。以示本科所说,更进于前,令人注意也。然语虽另起,意亦蹑前。因上来屡显此经福德殊胜。乃至经所在处,佛与贤圣同在其处。殊胜如此。不知其名可乎？屡言受持此经,即一四句偈等,皆有极大福德。乃至尽能受持,成就无上菩提之法。然则应云何持乎？此皆学人所急当知者。故问当何名此经？我等云何奉持？

他经请问经名，多说在全部之末。今独说在中间，何故？须知此经后半部之义，是从前半部开出。其义前半部中已有，不过说之未详耳。若非长老再为请问，则说了前半部，便可终止。以是之故，此经经名虽似说在中间，却实是说于前半部之末，仍与他经无别也。

当何名此经者，当以何名名此经也。亦可倒其句曰：此经当何名。义既殊胜，其名亦必殊胜。言下便有名必副实，若知其名，益可顾名思义之意。奉者，遵依。持，即修持，行持。请示持法，以便大众遵依，故曰我等奉持。奉持，犹之乎奉行也。凡言及行，便具二义：（一）自行。（二）劝他行。故古人释持字义曰任弘。任者，担任，指自行而言也。弘者，弘扬，指劝他人行而言也。说到行持，便牵及上来所说矣。试观上来自详谈起，开口便说应降伏其心。云何降伏，即是发大愿，行大行，不住六尘境界，广行六度，度尽无边众生成佛，而不取度生之相。乃至法与非法，皆不应取。如是层层披剥，愈剥愈细，结归到不住六尘，生清净心。此八字，即应生清净心及不住六尘生心缩语。亦即应无所住而生其心注脚。凡此所说种种义门，皆观门也，皆行门也，即皆应奉持也。然则我世尊开示大众云何奉持，亦已至详至晰，何以须菩提长老复于此处请问云何奉持耶？岂上来所说诸义，但令领解，非令奉持乎？抑奉持上来所说，犹有未尽，故今重请乎？顷言必须前后统观综合说之者，正在于此。此等处若未彻了，其奉持必不得力，不但容易发生如上所说之误会而已。须知长老今之请问云何奉持者，别有深意。

（一）佛所说法，无不理事圆融。圆融者，说理即摄有事，说事即含有理。所谓理外无事，事外无理，是也。故学佛之人，亦必解行并进。解属理边，行属事边。必须并进，始与圆融相应。但众生根性，千差万别。自有人即解即行；亦自有人虽解而未能行；或虽行而未能相应。须知解而未行，行而未应者，实未真解。真能领解，将不待劝而自行。行亦自能相应。长老欲为此辈人更进一解，故复请问，此之谓婆心太切。

（二）请问经名，即是请求开示上来种种言说章句之总题。请问云何奉持，亦原是请求开示上来所说诸义，有无总持之法。若得总持，持此总题，岂不更为扼要么。此之谓闻法无厌。明得此中第一层道理，便知上来虽未请问云何奉持,并非专令领解,已摄有奉持在内。今虽请问奉持,亦仍摄有更求领解之意在内。明得第二层道理,则知前既奉持,今亦何妨更请。然则前后岂但不冲突,不重复,且更可显发前义矣。

说至此处,恐人复生他疑,今当彻底更一言之。问:上来所说,既一一皆应奉持。今又明明请问云何奉持。何以第一大科,判为生信;今第二大科,判为开解;至第三大科,方判为进修耶? 详说中,先判为两总科,初约境明无住,次约心明无住。再将此两总科,判分为四。即一生信,二开解,三进修,四成证。答:开经以来,实皆可起修。然修持之究竟法,则在第三大科。故但予第三大科以进修之名耳。且此乃依经而判,非敢臆说。如第一大科中,明明点出持戒修福,能生信心。是明信心之初起也。故判为生信。第二大科,于请示名持之后,点明深解义趣。是明不但生信,且开解矣。故判曰开解。至第三大科将完,又明明点出以无我人众寿修一切善法,则得阿耨菩提。且曰:如来说善法,非善法,是名善法,则并善法之相亦复不取。此之谓究竟修法。如此而修,谓之究竟者,以其合于诸法如义故也。故判之曰进修。

须知不曰起修,而曰进修,具有深义。盖明其乃深进之修持。兼明上来诸义，并非只是生信开解，不是起修耳。更有一义，不可不知者。信解行三事，不能定说无次第，不能定说有次第。人必具有信心，而后研求佛法。亦必明得佛法真实之义，而后方知真实修行。此固明明有前后之次第也。然克实而论，若其毫无功行，则障深慧浅，决不能领会甚深佛法。必须功行愈进，解理乃随之而愈深。且若非有解有行，其信心亦若有若无，不能说是信根成就。由是言之，信解行乃是同时并进，岂有前后次第之可言。间遇有人，无端而能信佛。或初不学佛，一闻甚深佛法，便得明了。并有佛法一毫不明，而能发心精进勇猛修行者。此皆夙世本有功行，今遇因缘，遂尔发现，非偶然也。即以证说，证者凭证。凡亲眼见得，亲身做到之事，则谓之证。故必真实如法做到，始名曰行。真实见到佛理，始名为解。真实知得皈依三宝之益，始名曰信。然则一言信解行，皆已含有证的意义。但向不名之为证。惟证法身，始予以证字之名耳。可见是名义上之分别，若论实际，无往而非证也。即以证法身言，云何为证？亦不过解行二事之功效。解行做到究竟，名之曰究竟证得。除解行外，无证可说。不但此也。本经云：信心清净，则生实相。实相即是法身。换言之，法身显现，亦不过信心清净而已。由是言之，岂但信解行证，并无前后次第。实则名相上似乎有四事差别，而实际上毫无差别。四事化为一事，此之谓平等。即此四字，便可悟由平等见差别，由差别见平等之理。

再进一步言之。实相显现时，惟一清净。并信心二字，亦无痕迹矣。则真究竟平等，如如不动矣。是故若明佛理，随拈一事，皆能穷其究竟，归于平等。即如生信文中，一念生净信一语，就生信之事相言，故谓之一念相应，尚未净念相继耳。若言其究竟，则此一语，可深至无底，广至无边。何以言之，生净信便同生清净心，亦与信心清净同一义味。一念者，惟此一念。此念非他，乃是信心清净。生者便是显现。则生净信，便是净心显现。如此而说，是此一语，便是证得如如不动之性体矣。其他言句，皆可如是领会。所以闻得一言半偈，皆可证道也。此理不可不知。然而讲经说法，有时又不能不随顺其文相而说。若开首即说此深义，反令闻者无可依循。此理又不可不知也。前说此句时，不能骤明此理者，因此。兹已说至渐深，无妨顺便拈出。使知佛法无浅非深，深亦可浅，直无浅深次第可说。故不可取著其相，而曰则非也。然为接引众生，启导进步，又不能不假设一浅深次第，以及种种庄严之事。故不可断灭其相,而曰是名也。

且住,今不说经文,而掷笔题外,将信解行证啰唆如许言语,何为乎?当知非说闲话。乃是发明上文所说无有定法四字之义,通贯一切。俾大众领会此义,庶几头头是道。姑就信解行证发挥之,以示凡事皆然,不但佛法然也。且自此以往,义趣愈入深微。若不于此义荐得少许,则心中不能活泼泼地,于深微义趣,便不易领会。当知下文般若非般若四段,正明无有定法。我今如是而说者,正预为下文写照耳。须知因为无有定法,所以不可执有,不可执无。经中凡言则非,皆明不可执有也。不可执有者,是令会归性体也。何以故?性本无相,如太虚空故。安可以名字语言求。必须离相返照,庶几证入也。凡曰是名者,乃示不可执无也。不可执无者,是令虽会归于性,而亦不坏假有之名相也。何以故?性本无相而无不相故。相即性体之用,有体必有用故。如太虚空体,固空空如也,而万象森罗,一切依正果报之相,皆由其中现出。若无万象,便成顽空,亦不足以显其是太虚空矣。但不取著其相,与太虚空何损。何得曰绝对无相,且亦何须灭其相耶!持此义以修行,则知欲见本性,必应离名绝相,破其我见。我见不除,便生分别心,而起念即著相矣。而此我见是无始以来病根，不易破除。必应依照佛所说法，一面返观内照，息其攀缘妄想。而一面又应遵依各种仪轨事相，礼拜、忏悔，以及布施、持戒等等，求消业障，开发本智。俾得信心增长，解行成就，以期障除性显。而行时又应心不取著色、声、香、味、触、法。体会此一念心之性，与诸佛众生，本是一体，且体本空寂，然后感应神速，成就自易。夫修因时，既能不取相不灭相，空有两边不著，合于中道，所以感应大，成就亦大。所以成就以后，便能不动道场而身遍十方，现各种庄严之土，以普度无量无边之众生。是之谓无相而无不相，无不为而无为。

推而言之。持此义以为人，则能胸襟旷达，不惹烦恼而得自在矣。亦知谨言慎行，不错因果而无挂碍矣。持此义以处世，则知万事皆空，与我何涉，任他风浪起，稳坐钓鱼船，可也。亦知人情世态，纷纭往复，安危苦乐，随遇而安，可也。持此义以当大任、作大事，以不著相故，虽事来即应，而天君泰然，不为所动。以相非断灭故，虽心不著相，而条理秩然，毫无废事。如此岂不是则非是名，头头是道乎。真所谓道不远人，人自远之耳。我佛原为度世而来，故所说法，无不世出世间，一切摄尽。惟须融会贯通如是真实之义，则事事皆可奉持,时时皆是修行,在在皆得受用,而处处皆是佛法矣。所以佛法称为法宝,此经尤是无上法宝,且收拾起闲言语,宣扬此无上法宝。

(壬)次,示。分三:(癸)初,总示名持。次,详明所以。三,结显持福。(癸初),又二:(子)初,示能断之名;次,示持经之法。

(子)初,示能断之名。

佛告须菩提:"是经名为金刚般若波罗蜜。

此七字为全经之总题,于开题时已详释其义矣。兹略言之。般若,此云智慧。约因曰慧,约果曰智。因果一如,故总译其义曰智慧。波罗蜜,此云到彼岸。有此智慧,乃能了生死、入涅槃。如此作释,则波罗蜜非他,即般若是。又此之智慧,非同世智辨聪,乃佛智佛慧,所谓佛之知见,是到彼岸之智慧。如此作释,则般若非他,波罗蜜是。金刚是喻。金刚为物最坚最利,能断一切。以其坚故,一切物不能坏。以其利故,能坏一切物也。以喻般若波罗蜜如大火聚,四面不可触，能断一切烦恼也。何谓烦恼，见思惑是。见惑为身、边、邪、二取。最要者，身见、边见。身见即我见。小乘专指四大五蕴假合之色身言，大乘则通于法我。若取法相，非法相，即著我人众寿，故曰法我。人众寿三，皆由著我而起，言我则摄其余矣。边见者，小乘专就由身见而起之断见常见言，大乘兼指一切法空有二边。执有便取法，乃常见也。执空便取非法，乃断见也。思惑即贪、嗔、痴、慢、疑，此为根本，由此生起悭嫉等等。此之根本烦恼，皆无始病根积习深痼，遂致流转六道，受苦无穷。今欲脱离此苦，非断此病根不可。云何而断？非仗此金刚慧剑不可也。又此部是大般若经第九会所说。诸会皆说般若，则皆能断。今独于此部加金刚名。可见此部之义，尤为精要，更坚更利，更为能断耳。

（子）次，示持经之法。

"以是名字，汝当奉持。

此八字，是令顾名思义，因名会体的奉持。非谓持此名字。恐人误会，故次复自释其所以。要知本经所明之义，皆是应无所住。而众生之病，在处处著。著即住义。因众生此病甚深，故开口便言降伏。凡言不应取，不应住，皆降伏之意。至此复云：以是名字，汝当奉持。无异言汝等当奉能断之义以行持。且无异言汝等当奉金刚般若以降伏也。

见思惑中，我见为本。所以处处著者，因此。所以生种种惑，造种种业，受种种苦者，因此。所以急当断除者，亦即在此。我见除，则烦恼即惑。障除，而业障，报障，亦随之而皆除矣。三障消除，则法、报、应三身圆现。故如是奉持，是从根本解决，能得究竟胜果，岂第了生脱死而已。所以此经在处则处贵，在人则人尊。吾辈何幸得闻此无上经法，其必已于无量千万佛所种诸善根，可知。何胜庆幸，何可妄自菲薄。然而善根如此，却仍拖此臭皮囊，浮沉苦海。其必多生以来，或轻忽视之，未尝读诵，或虽读诵而未能受持，或虽受持而未能如法也，亦可知矣。一思及此，又何胜惭愧。今幸佛光加被，又闻此法，又读此经。若仍如前怠忽，前路茫茫，又不知要轮回若干次数，自讨苦吃。一思及此，又不胜其悚惧。古德云：此身不向今生度，更向何生度此身？可怕可怕。

此中断、持二字，尤有要义。盖断者决断之义，持者坚持之义。如上文说，应不住六尘生心。无如凡夫力不从心，明知不应住，而不知不觉，心粘其上。心既粘上，便被其缚，摆脱不了。必须将不住六尘生心，放在心中，时时观照起心动念。倘于六尘少有触著，便当机立断。立断者不可畏难，不可苟安，即勇猛之意。更须坚持不懈。坚持者精进之意。精进者所谓精审而进，密密内照，不使一毫放松也。精细而进，澄心静虑，审察隐微也。精诚而进，至诚恳切，求三宝哀怜摄受，放光加被，助我之力也。念佛不得力，全由未在此中用功。吾辈修行，必须于一切染缘所谓六尘者，依照此经能断、奉持二义，而当机立断坚持不懈。若不如此竖起脊梁，立定脚跟，何能降伏得多生背觉合尘的习气。我不降伏它，就被它降伏我。此心既被尘染，便不清净。一句佛当然念不好。果能当机立断，坚持不懈，庶几有一心不乱之可能，而往生极乐，径登不退，不难矣。努力努力。

总而言之，上来所言降伏，及不住六尘，生清净心等，种种观门行门，必领会此中所说能断之义而奉持之，乃更有力。然则此中所明之义，甚为紧要可知矣。故向后之校量经功，亦迥不同前也。

（癸）次，详明所以。分二：（子）初，总标；次，别详。

（子）初，总标。

"所以者何？

所以者何四字，标词。此下将具释奉持能断之所以然，故先标举之，使人注意也。向来注释家，但以此句属于佛说般若一段，今谓乃是统贯下文两科。盖下两科，皆是开示修持之法。则皆是说明以是名字汝当奉持之所以然。何得但以属于一段，使其余经文，皆成散沙。则校显经功更胜于前之义，亦无著落矣，大大不可。故今特将此四字另作一科，判曰总标。以明其统贯下之两科，非止属于两科中之一段也。综合下两科义趣观之。可知此一句中，含有三义：（一）如何而断？（二）从何断起？（三）因何须断？今顺序说之。

何谓如何而断耶。断者，断我见也。我见随处发现，不扼其要，云何能断。且我见者，妄想之别名。而妄想原是真心所变，本不能断。所谓断者，破之而已。然则云何能破，明理而已，开解而已。试观经名"金刚般若波罗蜜"七字。金刚，坚利，所谓能断也。然原是用以喻下五字般若波罗蜜者。

般若者,智慧也。波罗蜜者,到彼岸也。到彼岸之智慧,犹言彻底之智慧。由是可见断我见并无别法,惟在彻底明理,亦即彻底开解而已耳。

然则所谓彻底明理者,明何理耶?当知众生处处执著者,无他。由其不知四大五蕴,以及一切法,皆是缘生,如幻如化。而本其先入为主之见,视以为一定不移,遂致执著而不肯舍。是之谓我见。故欲破此见,首当明了一切法本无有定。如是久久观照,则知法既无定,云何可执?且既无有定,执之何益。若能于一切法而不执,则我见自化矣。此真破见惑之金刚也。所谓明理者,明此理也。明得此理,可破我见。所谓彻底也。故曰:以是名字,汝当奉持。遵奉《金刚般若波罗蜜》以为修持,即谓遵奉此之名义以作观照也。当知此部经法,正是般若波罗蜜,而曰则非般若波罗蜜,世尊时时说法,而曰无所说。乃至微尘、世界、三十二相,皆说其非,不过是名而已。皆所以显示无有定法之义也。此其一。

何谓从何断起耶?当先从与自己最密切之法上,精勤观照,以破其惑也。般若波罗蜜,为行人所当修持者。尚应知其则非,而离名字相。世尊言说,为行人所当遵奉者。尚应知其无所说,而离言说相。大千世界,为佛教化之境。三十二相,为佛所现之身。皆应不著,则其余可知矣。此所谓高处落墨也。推之,凡是自己所修之法,所为之事,以及依报正报等等,皆当奉此义以为观照也。此其二。

何谓因何须断耶?观下文曰佛说,曰如来说。便知倘不如是观照,断其我见,便违佛旨,而不能见如来矣。此其三。明此三义,则知当如是奉持之所以然矣。

(子)次,别详。分二:(丑)初,示会归性体;次,示不坏假名。(丑)初,又二:(寅)初,示应离名字相持;次,示应离言说相持。

(寅)初,示应离名字相持。

"须菩提!佛说般若波罗蜜,则非般若波罗蜜。

流通本有是名般若波罗蜜一句,为后人所加,大误。须知此科及下科,正明会归性体,故皆遣相以明性。至大千世界三十二相两科,乃兼明不坏假名。章义分明。乃无知妄作,一味滥加,可叹。不但唐人写经,无是名句。智者、嘉祥、圭峰三大师注疏中,皆无是名句意。当从古本。

言则非者,令离相也。离相者,所以会性也。故标科曰会归性体。照上来语例,应曰如来说。今不曰如来说而曰佛说者,义趣更深。略言其二:

(一)佛者,究竟觉果之称。人皆知证得究竟觉果而成佛,由于修般若。而不知实由修般若则非般若也。使修般若而未离名字相,则为著我人众生寿者,尚能称究竟觉耶!尚何成佛之可能!故今特曰佛说者,所以示证果者由此而证,则修因者当如是而修也。

(二)既证性矣,亦复现相,则称之为佛。故佛之一称,乃性相全彰之名,非同如来但属性德之称也。故今曰佛说者,乃指示般若则非般若,不可打成两橛。则非般若波罗蜜,当从般若波罗蜜中做出。所以开示:当即名字以离名字也。故上文曰:以是名字汝当奉持。此与应生清净心句,同一意味。所谓空在有中,非灭有以明空也。世尊因正令明性,既不能不遣相。而一味遣荡,又虑人误会而偏空。故不曰如来说,而曰佛说,以示意。此与不坏假名,说是名某某时,不曰佛说,而曰如来说者,用意皆极深密。盖不坏假名而曰如来说者,明其虽不坏相,仍应会归于性也。今遣荡时,不曰如来说,而曰佛说者,明其虽应会性,而亦并非坏相也。然则此中已含有不坏假名意在。何须滥加是名一句,方显其不坏假名耶！总由未明经意,所以无知妄作。总之,佛说般若,是如其自证之理智而说,令一切众生开佛知见耳。开佛知见者,令知性本无相,须离相修持,而后可以见性也,故曰般若则非般若。若不明此理,心中有一般若波罗蜜名字相,便取法相,尚得曰奉持般若波罗蜜哉！何以故？若取法相,即著我人众生寿者故。此中但云般若波罗蜜则非般若波罗蜜,不连金刚二字说者,正明上文所云以是名字奉持者,乃谓当奉金刚能断之名,以行金刚能断之实,而断其取著法相耳。般若无上之法,尚应离名字相,何况其他一切法！又当知佛之说此,正令不取法相,以修持一切法,则法法莫非般若,乃为般若波罗蜜耳。此上来所以言无有定法如来可说也。总而言之,佛说般若则非般若,是令领会法法皆般若,不可著般若之名字相。此以是名字奉持之所以然。非谓在名字上奉持。又所以二字,便是真实义。上云汝当奉持,即谓当奉真实义而行持也。

（寅）次,示应离言说相持。

"须菩提！于意云何？如来有所说法不？"须菩提白佛言："世尊！如来无所说。"

此问蹑上文来。或问,不应住般若波罗蜜法相,而此法原是佛说。说此法时,岂无法相？若无法相,又云何说？防有此疑,故发此问。有所说法否者,谓心中存有所说之般若波罗蜜法相否也。世尊问意,已含无字。何以故？如来是性德之称。性体空寂,岂有所说之法相耶！不曰佛说,而曰如来说,意在明此。又佛之现相,正为说法。若曰佛说,则与无所说义抵触。故此科只能曰如来说,不能言佛说也。

凡标须菩提白佛言句,明其言甚要,不可忽也。答语更进一步,言不但无所说之法,且无所说。无所说者,无其所说也,非谓无说。无所行、无所得等句,意同。盖性体自证,名为如来。如来者,即明其证得平等性体。平等者,理智一如,能所一如也。故后文曰诸法如义。既证一如,故其言说,名为如说。故后文曰如来是如语者。如说者,明其是由平等如如之性海中自在流出。初未起心动念,虽终日说、炽然说、刹说、尘说,实无言说之相。尚无说相,安有所说之法相耶！故曰如来无所说也。此番问答,不但遮疑。且意在令奉持者,体会性体非但无名字相,并无言说相。亦复知得如来炽然说而无其说相。则知得奉持所说之法者,应炽然修而无其法相也。

合此两科观之,欲证性体,必当离名言之相。然则名言究应云何而后可离乎?若不知之,是但知其当然,而不知其所以然。须知此两科义趣,我世尊实令奉持者离念也。念不离,则名言之相终不能离也。何以知之?《起信论》心真如门中有一段文,可以证明。《论》云:"若离心念,则无一切境界之相。"又云:"离言说相,离名字相,离心缘相,毕竟平等,乃至唯是一心,故名真如。"此文中真如,即性体之别名也。离言说相三句,归重于离心缘相一句。此句即是离念之意。盖缘者,攀缘。心缘,即是起心动念。心念若动,必有所攀缘,便落于名字相矣!而言说者,心之声也。心必先缘于所欲言者,而后达诸言词。故心念若动,又落于言说相矣。故三句中,离心缘相句是总。心缘相离,然后名字、言说之相皆离。此与论文上句,若离心念,则无一切境界之相句,相应。

离心念,便无一切境界相。所以离心缘相,便毕竟平等,唯是一心,而名真如也。由此论义,以证经义,则此中令离名言相持,非即是令离心念修持乎。《论》中又引他经云:"能观无念者,则为向佛智。"佛智即是般若波罗蜜。故此《金刚般若波罗蜜经》,当如是断其著名字言说之攀缘妄想而奉持也。此以是名字,汝当奉持之所以然也。

《起信论》又云:"当知染法净法,皆悉相待。无有自相可说。是故一切法,从本以来,非色非心,非智非识,非有非无,毕竟不可说相。而有言说者,当知如来善巧方便,假以言说,引导众生。其旨趣者,皆为离念,归于真如。以念一切法,令心生灭,不入实智故。"此节论文,更好引来为此两科经文作注脚。

此请示名持一大科,关系紧要。今当再依此节论文。详细说之,以期彻了,必道理洞明,乃能观照用功,想为诸公所愿闻也。

先说非色非心,非智非识,非有非无三句。非色色字,赅有表色、无表色、言。有表色者,谓有形可指之法。无表色,谓无形可指之法。此种种法,无论有表无表,本无自体,体唯是心,故曰非色。然不过唯心所现而已,实非心也,故又曰非心。非智之智,即谓性智。性体平等空寂,岂有诸法。故曰非智。然则诸法是识乎?须知不过识心现起耳,不能谓诸法便是识也,故又曰非识。非有非无者,因缘聚合,似有诸法发生，非无也。既为缘生，乃是幻相，非有也。此三句，总谓一切诸法，不过彼此对待相形，虽似有而实无，当体即空。以说明其上文当知染法净法，皆悉相待，无有自相可说之意而已。

当知般若，亦是与彼诸法相形，名为般若耳。以一切法缘生幻有，本无自相，岂有自相可说。安可执著名字相。故曰般若则非般若。且佛证真如实智故，虽炽然而说，实无言说之相。故曰如来无所说。但为众生故，假以言说引导，令其离念证性。由是可知经中曰般若非般若，令离名字相；又曰，无所说，令离言说相者，其宗旨非为欲令大众离念归于真如乎！然则所谓奉持者，谓当奉持金刚断除妄念，亦可知矣。

前云明了无有定法，是清我见之源；今云破除攀缘妄想，是截我见之流也。试观上引论文最后数句云："以念一切法，令心生灭，不入实智故。"实智，即谓性体。可见性本无念。欲证性体，非断念不可矣。又可见起念即是生灭心。因有生灭之心，遂招生死之果。若不断念，又何能了生死乎！然而一切众生，从本以来，念念相续，未曾离念。谓之无始无明。无明者，不觉也。因不觉，故起念。云何不觉？所谓不达一法界故。谓不了达十法界理事，唯一真如，同体平等。此之谓不觉。既不觉知平等同体，遂尔动念。念动，而能见、所见随之以起，故有人我差别之相。由此而分别不断，取著计校，造种种业，招种种苦。又复展转熏习，果还为因，因更受果。愈迷愈深，沉沦不返矣。今欲返本还源，故必须从根本解决，以断其念。难哉难哉！因其难也，故我世尊为说种种方便法门，令其随顺得入。如上所引能观无念者，则为入佛智，亦方便之一也。此是吾辈生死关头，至要至急之事。亦是本经所令奉持者。不敢惮烦，更为说其方便。

须知观无念三字，固是方便。而云何观法，仍须得有方便，乃能起观。其作观之方便云何？《起信论》曾言之矣。《论》云："当知一切法不可说、不可念故，名为真如。问曰：若如是义者，诸众生等，云何随顺而能得入。答曰：若知一切法，虽说，无有能说可说；虽念，无有能念可念，是名随顺。若离于念，名为得入。"一切法不可说、不可念故，名为真如。此是就一切法而明真如也。意谓一切法无体，体惟净性。净性，即真如之别名。既是一切法，体惟净性，所谓诸法一如，所以称为一真法界。盖心虽无法，而法从心生。故十法界之法，不离乎惟一真心。曰一如，曰一真。所以本性名为真如者，因此。就诸法以明真如，则一如一真之义，极易明了。此说法之善巧也。因其诸法一如，故不可说；因其真心无念，故不可念。故曰一切法不可说,不可念,名为真如也。问中如是义,即指不可说不可念言。以诸众生莫不有说有念,故问云何随顺得入。随顺,即方便之意。问意,以为有说有念之众生,而欲其无说无念。若无方便,何得证入。答中,虽说念并举,然能无念,自能无说。兹约念义明之,则说义自了。

当知虽念亦无能念、可念一句,正指示修观之方便也。故下即接云:是名随顺。何以此句是观无念之方便?当知此中具有二义:

初约性体言。当知念是业识,而性体中并无是事。所谓从本以来,离一切法差别之相,以无虚妄心念故。此明虽业识纷动,而性净自若。犹之虚空中万象森罗,而虚空仍自若也。此是要义,不可不知。知此,则知性之与念,本来相离,便不致认贼为子。

次约念之本身言。当知念之为物,当处起,当处灭,刹那不停。病在于前念灭,后念又起,念念相续。但未有静功者,不觉其是相续,误以为前后只是一念耳。若前后只是一念者,修行人便无办法矣。正因其生灭不停,故曰不怕念起,只怕觉迟也。此明念乃随起随灭,并无实物。犹之空花,幻有实无也。此亦要义,不可不知者。知此,则知念之本身,当下即空。便不致执虚为实。

二义既明,便随时随处,顺此二义,密密观照。当一念起时,即提起精神自呵自责曰:性本无念,适从何来?如此一照,其念自息。初心人未有定力,一刹那间,第二念又忽然起。便又如是呵责,觉照。久久,念头可日见减少。即起,力亦渐弱矣。

问曰:提起觉照,此不又是起念乎?答曰:是起念也。当知自无始念动以来,积习深固。逆而折之,甚难甚难。惟有随其习惯,不加强制。却转换一个念头,以打断原念,令不相续。此正因其生灭不停,故能得手。更须知观照虽亦是念,乃顺体起用之念。便可顺此用以入体。与彼昧失本性所起之念,大异其趣。盖起念同,而起念之作用大不相同。因是知得性本无念,及念亦本空。为欲除其妄念,故起观照之用。此用乃顺性体而起,故与昧性而起者,大异其趣。此之谓随顺,此之谓方便。然应知起此观照之念,亦复是幻,亦是缘生无性,今不过藉以除他念耳。若执此念为真,便又成病。般若波罗蜜,原是用以对治取著之病。故般若亦不可取著。曰般若则非般若者,明其不应取著也。般若原含三义,所谓文字般若、观照般若、实相般若。因文字,起观照,证实相也。

而此三般若，皆不应著。约文字言，若但执文字，不修观行，固完全是名字相。约观照言，若心中存有能观照、所观照之念，亦未离名字相。乃至证得实相般若，实亦无所证，无所得。若有证有得，仍然未离名字相，即非实相。亦不名般若波罗蜜矣。故此中般若则非般若，是彻始彻终者。

归源无二路，方便有多门。念佛一法，尤为断念方便之方便也。不令他念而念佛，亦是转换一个念头。而念佛更比作观亲切。盖作观，可说是智念。念佛则是净念。换一个清净念，以治向来染浊之念。并令一心念之。又是以纯一之念，治向来离乱之念。且佛者觉也。念念是佛，即念念是觉。觉者，觉其性本无念也，故曰更亲切也。所以但能勤恳一心，便能做到念而无念。当知念佛目的，必须归于念而无念。归于无念，便是归于真如。则不说断而自断，不期证而自证矣。其方便为何如哉！故曰方便之方便也。

顷所言不期证而自证，最初只证得一分。因其时但无粗念耳。其细念尚多也。《起信论》云："若离于念，名为得入。"得入即是证入。而此语一深无底。当知由观行而相似，然后方到分证。分证者，分分证也。最初只入得一分。由是经历四十一个位次，而至妙觉以成佛。念头方为离尽。离尽，方为完全证入真如之性。然实无以名之。假名为得入耳。何以故？以虽得而实无所得，虽入而实无所入故。如此方是真离念，方是真得入。至于念佛功夫，虽未能做到念而无念。但能行愿真切，仗弥陀悲愿力，亦蒙接引往生，便同阿鞞跋致，此云不退。即是初住地位。如修他法，至此地位，须经久远劫数。今一生即令办到。其为方便之方便，更何待言！须知便同阿鞞跋致者，明其资格本来未到，但蒙佛力摄受而得不退耳。吾辈幸闻此法，岂可蹉跎，交臂失之。然行愿真切，必须一心在念佛求生上，方能谓之真切。若一面念佛，一面又起尘浊之想，则行愿不真切矣。所以念佛人于断念一层，纵令未易办到。而不应住色生心，不应住声、香、味、触、法。生心两句，务必要做到。不然，则愿不切，行不真，何能蒙佛接引乎：何以故？尘浊气重，与清净二字太不相应。则佛亦未如之何也已矣！

总之，妄想纷飞，是众生无始来病根，万不可强制。如其强制，反伤元气。因妄想非他，即是本心之作用。不过错用了，所以成病耳。只要依照佛法，将其转换过来，归到智念或净念上。久久自归无念。便是平等性智，妙观察智矣。今曰断除，当知是除其病，非除其法。断之一字，当知是断其妄，使归于真。若能归真，便恍然大觉，了达万法一如，本是一真法界。本无人我差别，则万念冰销。所以只能用转换念头之法者。因此，由是可知转换念头，名为方便者，犹是权巧之词，实在是根本挽救之法。除此之外，并无别法。此理更不可不知。

即以断妄归真言，亦须逐渐进步。凡初机者，犹未可骤语及此。因众生无始便迷真逐妄，流而忘返。譬如世间浪子，久已流荡忘归，今欲挽其回头，必须善为劝导以引诱之，乃有希望。不然，家庭间反增烦恼。此亦如是。必须多多读诵大乘经典，唤醒痴迷。且多多亲近善知识，开其蒙蔽，指示修途。而用功时复当由浅而深，乃能渐入佳境。不然，心中反不安宁。此又不可不知者也。

即如本经，前面已说了千言万语，直至此处，前半部将了，方显然令其离念。其不可躐等，骤语及此，大可恍然矣。然又当知，自详谈以来，所说种种观门、行门，却皆是由浅入深，为离念作方便者。以修功必须修至无念，方能证性，方为究竟故也。今依此义，再将前文总结一次，逐层点醒。以便融会贯通，开其圆解。

所谓开解者，开智慧是也。依据各种经论，开解有三个步骤。

第一步,当令开知境虚智。一切众生,因不知一切尘境,原皆虚幻不实,遂致处处取著,我见横生。故先令了达六尘等境惟虚无实。若其知之,始能不为所迷。不迷,即是智。故名曰知境虚智。

第二步,当令开无尘智。尘,即谓六尘等境。无者,谓一切惟心,心外无法。必须通达乎此,又得遣荡尘境之方便,渐渐乃能胸无点尘。若能无尘,则慧光愈明矣,是谓无尘智。此智既明,纵有念头,亦极微薄,然后乃能断之。断念亦须方便之智,则名曰金刚智。此是第三步矣。

金刚者,能断之义也。试观上来一开口便令发广大心,普度众生,若忘却自己者,此最初之第一方便也。因一切众生,以不达一法界故,不觉念起,而有无明。遂致人我界限分得极清,著得极紧。今令舍己度他,发广大心。是令通达一真法界,本无人我之别,以化其胶固分别之积习。乃是从最初所以不觉念起之根上下手,故曰最初第一方便。迨说出不应住色、声、香、味、触、法、布施之后,即就身相说明之曰:凡所有相,皆是虚妄。此便是令观察根、身、器、界,莫非尘境,莫非虚相,以开其知境虚之智也。当知众生所以分别人我,牢不可破者，无非为境所缚，放不下耳，其所以放不下者，无非误认种种境相为真实耳。今唤醒之曰：皆是虚妄。真是冷水浇背，令人毛骨俱耸。此第二方便也。

其下接以持戒修福，能生信心，以此为实。是令信此实义以起修。盖以持戒修福为起修之最初方便也。果能一念生净信，则是已于上来所说，一一能解能行矣。何以故？若无解行，不能一念相应故。至此便得无量福德。何以故？既能一念相应，是已得了知境虚智。住相之心，人我之见便能减少故。因进一步，告以若心取相，则为著我人众生寿者。以及法与非法，皆不应取。取，即是起念。说心不应取法，不应取非法，已含有不能起心动念之意在。复告以法本无定，故不可取，不可说，乃至一切贤圣，皆以无为法云云。无为，即是无生灭心。生灭心，即是念头。是又奖诱之曰：汝既能实信，希贤希圣，并能一念相应，须更令息生灭心才好。以下更说福德之大，以欣动之。及至约果广明，方显然点出念字。得果时不能作念，则修因时不应动念可知矣。遂结之以应生清净心。何谓生清净心，应于尘境一无所住而生其心是也。是则比前又进一步。由知境虚智，而开其无尘智矣。前但知之，今令无之，岂非更进乎。然开无尘智实为最后开金刚智之前方便也。若论修功，由知境虚智，修到无尘智，须经数劫。前是观行位，今是相似位也。此智，为转凡入圣之枢纽。若不得无尘智，便不能更进而开金刚智。亦即不能登初住位。若不登初住，便不能由相似位入分证位，而成圣也。故得无尘智之福德，比前胜过无量无边倍也。何以福德有如是大，当知是人成就最上第一希有之法故。成就者，即谓成就无尘智也。心中果能无有尘境，纵然起念，比前更少，力亦更薄。修功至此，方能够得上断念。故此请示名持一科，遂告以断念之法。浅深次第，步骤严整。佛之教化，如是如是。须知自开口一句曰：应如是降伏其心，乃至说到不应住色等生心，皆是伏惑。必须能伏，而后方能断也。此中明明曰：以是名字奉持。而名字乃是金刚般若。故此中所明义趣，皆是开其金刚智也。

　　金刚者，能断之义。离名言者，离念之义。若金刚智不开，念何能断乎！当知位登初住，便须具有此智。若无此智，便不能断无明。无明者，不觉也。因不觉故念起。故断无明即是断念。必须断得一分无明，乃证一分法身而登初住。自初住以上，无非此智逐步增长，使无明分分断，法身分分证，位次亦分分增高。经历四十位次，而至第十地后心，此智更坚更利,名曰金刚道,而登等觉。第四十一位。登等觉后,复用此智以断最后一分极细无明,乃登妙觉而成佛。通常专以等觉之智,为金刚智。等觉以下,仍名无尘智。实则此智之名,显其能断耳。若不具此智,便不能断一分无明,证一分法身,而登初住。故初住以上,实皆具有此智。不过位位增胜,至于等觉,此智圆满。遂致等觉之智,独彰此名耳。此理不可不知。由上来所说观之。必到相当程度,始能断念。而念若不断,便不能证法身,而转凡成圣,以及断念之前,必须先修种种前方便,其义昭昭明矣。

本经自详谈至此,已经将经义数次总结,而每结各明一义。所以如此者,无非欲闻者融会贯通,多得点受用。且以明经中义蕴无穷,发挥难尽。上来种种宣说,亦不过大海之一滴耳。

此离名字,离言说,两科经旨,兹将上来所明者概括之,以便记忆。即(一)先须了彻无有定法,以清妄念之源。此是智慧。(二)更须破除攀缘心想,以截妄念之流。此是能断。此以是金刚般若波罗蜜名字奉持之所以然也。至于作观,念佛,乃能断之方便。此之方便,仍为两科经旨中所具有,并非外来。能观无念者,则为向佛智。佛智者,般若波罗蜜则非般若波罗蜜也。佛说般若,是令依文字起观照。奉持,即是令大众作观照功夫。而离名言,即是令离念。岂非明明令观无念乎。奉持,有拳拳服膺之意。即是应念念不忘佛说,念念不违如来。念念不忘佛说,即是一心念佛也。念念不违如来,则不但念应化身佛,且令念法身实相佛矣。又不觉,故念起。令了彻无有定法,便是令其觉。故曰清源。以不觉,是起念之源也。次令破除妄想,是离念。故曰截流,以起念是从不觉而出也。而不觉念起之后,遂有能见所见之分,而成人我差别之相。今则全在对治不觉念起上用功。即是在我见的根本上下手。根本既拔,我见自无矣。此奉持以断我见之所以然也。

又此两科,是明空如来藏也。空有二义:(一)性体本空;(二)空其妄念。此中曰般若则非般若,曰如来无所说,说性体本空也;而离名字相,离言说相者,空其妄念也。故此两科,正明空如来藏义。下两科,则是明不空如来藏。空,明体;不空,则明用。下两科不坏假名所以明用也。盖根身器界,皆是性德所现之用。故是不空如来藏义。

(丑)次,示不坏假名。分二:(寅)初,示不著境相持;次,示不著身相持。(寅)初,又二:(卯)初,问答;次,正示。

（卯）初,问答。

"须菩提！于意云何？三千大千世界所有微尘,是为多不？"须菩提言:"甚多,世尊！"

名者,名字。凡一切法,皆有差别之相。就其差别,安立名字。故名字之言,是就相说。相是幻有,则名为假名。幻有者,明其非有而有,有即非有之意。不坏者,不断灭意。相是体起之用,何可断灭。虽不断灭,然而相实非体,故仍不应取著。因体是不变,相常变动。体是本,相是末。不应舍本逐末,迷相忘体,故不应著也。离与不著,乍聆似同;细审不同。各不相涉,曰离。于显用时而不为其所缚,是曰不著。上两科曰离者,是明修行人重在证体。而体之与相,本来渺不相涉也。此下两科曰不著者,又明修行人先应证体,明必须达用,不可坏相。然虽达用,终应会归于体,故又不可著相也。此中所说,莫但作解释标科会。般若妙旨,已尽在里许矣。适才是明离与不著,命意不同。又须知意虽不同,宗旨则同。其同为何,断念是也。何以故？上两科言离名字言说者,是离攀缘心,其义前已广说,离心缘者,所以断念也;此两科明境身，亦即依正二报，皆不可著者，著则又起念矣。虽不坏，却不著，亦所以断念也。其余要义甚多，入后逐层说之。

上科之般若波罗蜜，乃六度之一，固是佛法之名，然亦为性具理智之称。性体空寂，名字言说本来无安立。上科既就此性具理智上立说，固应遣一切相。所以只说则非，说无可说，而不说是名。即复性本非相，本来与相无涉，故说离也。此下两科，境之与身，本是依正二报，幻相俨然。就此立说，于显明不坏假名之义便。故微尘、世界、三十二相，皆说是名。然而究是幻相，虚妄不实，故皆说非而不应著也。

此问亦蹑上文来。盖著相者闻无所说，将曰若无所说，何以教化三千大千？且言说本来无相，纵可云说无所说，而世界之大，其相宛在，岂得曰世界无世界乎？为遮此疑，故发此问。问语甚妙，不问世界，而问所有微尘多否。意明世界是由众多微尘集合，而现三千大千之幻相耳。彼执大千世界之相为实有者，亦可以恍然悟矣。答亦妙，长老深领佛旨，故答甚多。意明世界所有，无非众多微尘耳。然则除多数微尘外，岂别有一世界哉。会得但是尘多，便知大千世界，有即非有矣。

（卯）次，正示。分二：（辰）初，不著微细相；次，不著广大相。

（辰）初，不著微细相。

"须菩提！诸微尘，如来说非微尘，是名微尘。

此意比前问意更进。谓不但世界，并且微尘非微尘。此意是明微尘亦是假名也。《楞严》有云："汝观地性，粗为大地，细为微尘，至邻虚尘。"何谓微尘？何谓邻虚尘？若如《俱舍论》《正理论》所说，则微尘之量，已为目力能见之最细者。盖七倍微尘为一金尘，七倍金尘为一水尘。金尘水尘者，谓能在五金之空隙，或水之空隙中往来也，则微尘之细可想。又七倍水尘，为一兔毛尘，谓其细等于兔毛之尖，由此可悟微尘之细矣。殊不知此细极之微尘，仍可析之为七个极微尘，则非肉眼所见。惟天眼以上能察之耳。至此已是色相之边际，无可再析。然而若以慧眼观察，更可析之为邻虚尘。邻虚者谓其邻近于虚空矣。此语犹今言之等于零也。由是可知微尘亦是七个极微尘集合而现，并非实物。故曰微尘，非微尘也。如此说法，乃是小乘之析空观。析空观者，谓须一一分析而观之,方知其是空也。大乘则不然。惟就性体上观察,便知无论大相小相,皆是缘生幻有,当下即空。何待分析方知。如是观者名为体空观。本经是为发大乘,发最上乘者说,故曰如来说。如来者性德之称。如来说者,明其是依性体本空而观。所谓体空观是也。盖约性而说,微尘本非实体,但不无幻相耳。本非实体,故曰非也,不无幻相,故曰是名也。

(辰)次,不著广大相。

"如来说:世界,非世界,是名世界。

知得微尘非微尘,但是假名。则世界非世界,但是假名,不待烦言而可解。此说法之善巧也。合此两小科观之,是令修持般若者,无论何种境界,或细如微尘之事,或大如世界之事,皆应不坏、不著。细如微尘,尚不应坏,大于此者,可知矣;大如世界,尚不应著,细于此者,可知矣。

(寅)次,示不著身相持。

"须菩提，于意云何？可以三十二相见如来不？""不也，世尊！何以故？如来说三十二相，即是非相，是名三十二相。"

此问亦是由上文生起。盖不得意者，闻世界非世界，而是假名者，将谓佛之随感斯应，现种种身，原为教化大千世界众生。若如上言，是世界有即非有，非有而有矣。然则佛现三十二相之应化身何为乎？岂应身亦为有即非有，非有而有乎？为遮此疑，故发此问。须知如来既已证性，而又现三十二相之身者，因众生各各以此如来藏为体，惜其迷相，竟不自知。故由性体显现应身之相，以教化大千世界，为众生开此宝藏。皆令回光返照，不著一切相，而自见本性耳。众生此性，原与诸佛同体。所谓一真法界，是也。故若能自见本性，便是得见如来。若著于相，则所见乃是应身之相，非法身之体。何能谓之见如来哉。明得如来应云何见，则知三十二相亦由缘会而生，当下是空。当下是空，有即非有也。缘会而生，非有而有也。有即非有，故曰即是非相。非有而有，故曰是名三十二相也。

此处问语,与前第一大科中可以身相见如来否,语气同,而语意不尽同。盖前举身相问,是佛与众生并摄在内。今举三十二相问,则专约佛言也。

答语不也,是活句。与前答可以身相见如来否中之不也,意同。言不可相见,亦得相见也。流通本不也下,有不可以三十二相得见如来句。古本无之,是也。当知前科下文,但曰身相即非身相,故曰不可,又曰以身相得见如来。以明上之不也,下之身相即非身相,皆是活句,意思双关。而此处下文,既曰即是非相,又曰是名三十二相,已足表明"不也"是双关之意。何须更赘一句,曰:不可以三十二相得见如来乎?应从古本。

举如来说,明约性而说也。约性而说,即是非相,此明性体本非相也。若知体之非相,则三十二相何可见如来耶?今云约性而说,即是非相,是名三十二相,此明名者,实之宾。三十二相既但是名,可悟其体是性也。若知此理而能不著于相,则因相便可会体,何必灭相以见性哉!知此,则三十二相本由性起,故不应坏;而性本非相,故不应著之义,亦得洞明矣。

何谓大千世界,前已广谈。何谓三十二相,亦不可不知其义。

（一）足安平相。谓足里里边也。无凹，悉皆平满。

（二）千辐轮相。足下之纹，圆如轮状。轮中具有千辐，状其众相圆备。

（三）手指纤长相。谓手指端直，纤细圆长。

（四）手足柔软相。手与足皆软如棉。

（五）手足缦网相。手足指与指如有网然，交互连络，有若鹅鸭指间之形。

（六）足跟满足相。跟，足踵也。俗名脚后跟。圆满无凹。

（七）足趺高好相。趺，足背也，高隆圆满。

（八）腨音市兖切，如陕。又尺兖切，为喘。如鹿王相。腨，腿肚也。古又谓之曰腓。音飞。鹿王，鹿中之王，谓大鹿也。谓股肉匀称圆满，不同凡夫腿肚，忽然而粗。

（九）手过膝相。两手垂下，其长过膝也。

（十）马阴藏相，谓男根密藏不露。

（十一）身纵广相等相。自头至足，其高与张两手之长相齐。

（十二）毛孔生青色相。一一毛孔，只生青色之一毛。而不杂乱。

（十三）身毛上靡相。身上每一汗毛，皆右旋而头向上也。

（十四）身金色相。身色如紫金光聚。

（十五）常光一丈相。身放光明，四面各一丈。

（十六）皮肤细滑相。谓皮肤细腻光润，不受尘水，不停蚊蚋。

（十七）七处平满相。两足下、两掌、两肩，此谓肩窝。及项中，七处皆平满，毫无缺陷也。

（十八）两腋满相。两腋之下充满。不凹。

（十九）身如狮子相。谓威仪严肃也。

（二十）身端直相。身形端正无偃曲。

（廿一）肩圆满相。此谓两肩之全形，不耸不削，圆厚丰满。与上七处平满不同。

（廿二）四十齿相。具足四十齿。常人至多三十六齿。

（廿三）齿白齐密。四十齿皆白净、齐整、坚密。

（廿四）四牙白净相。四大牙，最白而鲜净。

（廿五）颊车如狮子相。两颊隆满，如狮子颊。

（廿六）得上味相。咽喉中有津液。无论食何物，皆成无上妙味。

（廿七）广长舌相。舌广而长，柔软红薄。展之广可覆面，长可至发际。

（廿八）梵音深远相。梵者，清净之意。音声清净，近不觉大，远处亦闻。

（廿九）眼色绀青相。目睛色如绀青，极清净而光明，有如金精。

（卅）睫如牛王相。眼毛分疏胜妙，有如牛王。

（卅一）眉间白毫相。两眉之间有毫，白色清净，柔软宛转，右旋而放光明。

（卅二）肉髻相。顶上有肉，隆起如髻。

此三十二相，又名大丈夫相，又名大人相，亦名百福庄严相，谓以百种福德庄严一相。修成三十二，须经百大劫，故曰百劫修相好。福德即是普贤行愿。故《行愿品》云：此善男子善得人身。圆满普贤所有功德，不久当如普贤菩萨，速得成就微妙色身，具三十二大丈夫相。当知相好皆大悲大愿之所成就者也。何故修此相好。以一切有情，无不著相。若见相好，乃生欢喜心，生恭敬心。方肯闻法，方能生信故。又梵王、帝释、轮王，亦有此相，菩萨亦往往有之，但以好不具足，遂不如佛。相好者，非谓其相甚好。盖大相名相，细相名好耳。而大与细，亦非谓大小。大相者，到眼便见。细相者，细心观之，乃知其好耳。细相，即所以庄严其大相者。故佛有三十二相，便有八十种好。又称为八十随形好。随形，即谓其随三十二形相也。菩萨虽亦有好，但不及佛之具足。八十，即(一)无见顶，(二)鼻不现孔，(三)眉如初月，(四)耳轮垂埵，(五)身坚实如那罗延，(六)骨如钩锁，(七)身一时回旋如象王，(八)行时足去地四寸而有印文，(九)爪如赤铜色，薄而润泽，(十)膝骨坚圆，乃至(八十)手足皆现有德之相。恐繁不具，详见《大乘义章》。若三十二相之名，是依《大智度论》而说，他书或有异同。以上三十二相，八十种好，是应化身所现。若佛之报身，则不止此数。盖身有八万四千乃至无量之相与好也。

此大千世界，三十二相两科，合而观之，妙义无穷。盖我世尊就此两事上，说非，说是名，最为亲切有味。闻法者，果能于此悉心体会，可于般若要旨，涣然洞然也。概括之，可分四节，以明其义。即一、约众生以明，二、约因果以明，三、约空有同时并具以明，四、约究竟了义以明，是也。

第一约众生以明者。换言之。即是世尊所以于大千世界、三十二相两事上说非、说是名，之意，皆是就众生分上，亲切指点也。何以言之？世界为一切众生依托之境。若无世界，云何安身立命耶？又若如来倘不现三十二应身之相，一切众生从何闻法乎？从何起信乎？由是言之，此两事皆于众生分上，关系最为紧要，可知矣。故约性而言，虽本皆缘生幻有之假名，然谓之假名则可，谓之非是则大不可。故曰是名，明其虽假名而甚是也，故不可坏。然而当知世界终为尘境，倘一切众生取著此尘相，则心不清净。心不净则土不净，岂能了生死出轮回乎？更须知佛之应身，是法身如来所现之相。即是证了法身，方能现应身。何故现应身。不现此相，众生无从闻法。而如来现应身以说法，原为欲令众生，皆证本具之法身。倘众生取著此应身之相，便不能见性矣。何以故？以其既不能返照本性，虽觌面对此三十二相之佛，亦不能见如来故。岂不大违佛现三十二相之本旨乎？故皆曰非。明其约相虽是，约性却非，故不应著也。如此指点，何等亲切。

第二约因果以明者。换言之，是明世尊就此二事立说者，欲令众生明了因果之真实义故也。何以言之？此尘凡之大千世界何来乎？众生同业所感也。此胜妙之三十二相何来乎？世尊多劫熏修所成也。然则此二皆不外因果法，可以了然矣。因果者，所谓缘会而生也。缘生故是幻有，幻有故是假名。然虽为假名，而有因必有果，永永不坏者也，故曰是名。言是名者，为令众生懔然于因果，虽性空而相有，丝毫不爽，不可逃也。若知因果性空相有而不可逃，便应修无相无不相之殊胜净因，以证无相无不相之殊胜妙果。何谓无相无不相。即是体会因缘所生法，即空即假，即假即空，而二边不著，以合中道第一义谛，是也。须知无相无不相，中道第一义谛者，性之实相，本来如是。故如是修持，便是般若波罗蜜也。所以修此胜因，必克胜果。故于大千世界、三十二相，皆说曰非。皆说非者，为令众生既不坏因果之相，而复会归于性。便是空有不著，合乎中道也。

第三约空有同时并具以明者。是明世尊就此立说，为令藉闻此法，而得了然于空有同时并具之所以然也。何以言之？说一非字，是令不著有也。说一是字，是令不著空也。而曰非曰是，二者并说，是令二边皆不可著。何故皆不可著，因内而此身，外而世界，依正二报，无非因缘和合而生。当缘会而生之时，俨然现依正二报名相，岂可著空。当缘散则灭之时，此身何在，此世界何在，岂可著有。不但此也。依正二报，当其缘生之际，既是因缘和合，谓之为生。可见除因缘外，别无实法。故现是名时，即为非有时。故曰有即非有。亦复当非有时，即现是名时。故曰非有而有。合而观之，岂非空有同时并具乎。既为同时并具，故著空著有皆非。故今是非同说，即是令闻法者，体会空有并具皆不可著之意。而依正二报，为名相显然众所共见之事。此既空有同时并具，则其余可以恍然矣。复为众生关系最密最要之事，此既空有皆不可著，则其余可以了然矣。上两科，离名字言说，尚是专遣有边。此两科，空有二边俱遣，乃为断除妄念之极致。

第四约究竟义以明者。乃是说明世尊说此两科，是令众生彻底领悟言语道断，心行处灭之性体耳。何以言之。依正二报，既皆缘生，可知惟是因缘聚合之相。故经中谓之是名。是名者，明其假名为生也。既是假名为生，可见实未尝生。故经中说之曰非。说非者，明其本来无生也。既无所谓生，则亦无所谓灭。然则诸法本不生不灭，而凡夫不知，迷为实有生灭，随之而妄念纷起。是故世尊说为可怜悯者。

更须知身心世界本无生灭，而见有生灭相，安立生灭名者，无他，实是痴迷可怜之凡夫，妄念变现之虚相，妄念强立之名言耳。经云是名者，如是如是。此是名之究竟了义也。是故若离于念，身心世界之名字言说，尚且无存，那有生灭之名字，又那有生灭可说。如此则泯一切相而入真实体矣。何以故？真如性体，从本以来，平等如如。非有非无，非亦有无，非非有无。乃至非一切法，非非一切法。总而言之，起念即非，并起念之非亦非。所谓离四句，绝百非者，是也。经云则非者，如是如是。此则非之究竟了义也。

此究竟了义，前面凡言则非、是名处，皆具此义。而先皆不说，至此乃说者，有深意焉。下文云深解义趣，可知经文至此，当明深义。故上来暂缓。所谓由浅入深，引人入胜也。又复此义，就身心世界上说最便。又复此请示名持中经义，正明断念以证性。欲断念证性，非奉持究竟了义，则不能也。故曰经文至此，当明深义。知此，便知此义惟宜于此处发之。移前嫌早，移后又嫌迟。讲经说法，当令文义无谬。盖义有浅深，文有次第。若当说时不说，不当说时便说，是谓于文有谬。纵令其义无谬，亦为妄谈，亦有罪过。此义，凡有弘法之愿者所不可不知也。

又上来说则非，只是说则非。说是名，只是说是名。而第四层之义不然。说是名时，摄有则非意在。而说则非时，亦摄有是名意在。此亦究竟了义也。岂止遣相谈性之为究竟了义。须知但遮无照，但泯无存，则所说者便非究竟了义。

遮中便有照,泯中寓有存,方为究竟了义。盖非遮非泯,则不能见性,而呆遮呆泯,又岂能见性。闻此究竟了义,当悉心体会。差之毫厘,谬以千里。至要至要。

再将此不坏假名两科,与前之会归性体两科,合而观之,更有要义,急当明之。须知前就般若之名字言说令离,复就大千世界,三十二相,令不著者。无他,以性体绝待。一落名字语言,便有能名所名,能言所言。既有能所,俨成对待。少有对待之相,便非绝对之体矣。佛说般若,是令见性。以般若波罗蜜原由真如之理体正智而出生者也。故约此而令离名言,以明证性必应遣相之意。即复因其体之绝待,故能融摄一切世间出世间法。如《起信论》所谓如来藏具足无量性功德故,此句是明相大。能生一切世出世因果故,此句是明用大。可见相用不能离体。即是因其体大,所摄之相用亦大。而此不坏假名两科,所言大千世界,三十二相,正明相大。以其皆由性体显现故,所谓无量性功德故。又大千世界为众生同业所感,是世法因果也;三十二相为佛多劫薰修所成,是出世法因果也。可见此二又即兼明用大。而且举大千世界为言,则摄尽世法一切因果。举佛之三十二相为言,又摄尽出世法一切因果。又复言世界,则摄一切广大相。言微尘,则摄一切微细相。然则于此而明不著，则一切皆不应著，可知矣。于此而明不坏，则一切皆不应坏，亦可想矣。何以皆不应著？以相用应融入性体故。何以皆不应坏？以体必具足相用故。

且由先说会归性体，后说不坏假名之次第观之，是明明开示学人，最初宜用遣荡功夫，以除其旧染之污，使此心渐得清净，乃有见性之望。并名字言说之相，尚须遣荡，则心中不可有丝毫之相可知。何以故？性本非相故。然而但用此功，防堕偏空。故更当圆融。圆融者，性相圆融，无碍自在也。故接说不坏假名。所以明圆融无碍之义也。盖欲言是名而先言非者，是明幻有不离真空，相非性而不融也。故虽不坏相，亦不可著相，而后乃能圆融而无碍。无碍者，相不障性也。又复既言非，又言是名者，是明真空不妨幻有，性非相而不彰也。故虽不著相，亦不应坏相，而后乃为无碍而圆融。圆融者，性不拒相也。如是之义，乃此四科最精最要之义。般若波罗蜜宗旨，彻底宣露矣。正《金刚般若波罗蜜》云何奉持之所以然也。若未明乎此，则对于经义，纵令不无道着一二，终是不关痛痒。则所谓解者便非真解。既未真解，如何奉持乎。则所谓行者，实乃盲行而已。如此虽勤苦学佛，必不能得大受用，甚至走入歧途而不自知。反之则一日千里，受用无尽也。般若为佛法中根本之义,亦为究竟了义,若学佛者,于此根本义究竟义未明,终是在枝叶上寻求。既未见道,又何足云修道。故不能得受用也。从来所谓三教同源之说,无非就佛法枝叶上牵引附会。若根本究竟之义,便无从比拟矣。当知佛法所以超胜一切者在此。若学佛而不明此义,终在门外。故上云:一切诸佛,及诸佛阿耨多罗三藐三菩提法,皆从此经出。是明明开示佛法当从此门入也。

儒家往往剽窃佛法之义以谈儒,而又毁谤佛法,真是罪过。然所剽窃者,只是一知半解。不但非了义,且非全义。因此生谤,可乎!其所从剽窃之路,无非禅家语录耳。禅家修持,虽宗般若,然以不立文字故,遂不根据教义发挥。而其所说又一味高浑,容易为人剽窃附会者,在此。而根本究竟了义,不致被人捋扯扰乱者,亦幸而有此。何以故?儒家克己修身,循规蹈矩,岂非君子?然眼孔短浅,心量狭隘,大都少有所得,便沾沾自喜,知其一便非其二。故自汉以来,号称尊孔,除汉儒训诂之学,尚于儒书有所裨益外。其他或拉扯谶纬之言,或捃扯黄老之说,或剽窃禅家绪余之与儒书近似者,附会而装皇之。实于儒家真义,并未梦见。而门户之争,却甚嚣尘上。以如是我见甚深之人,虽闻佛法根本究竟了义，其不能领解也，亦可决矣。试观程朱皆亲近禅宗大德多年，而所得不过如此。反而操戈相向，亦足以证余言之非谬矣！然则彼辈若闻究竟了义教，纵令不致操戈，其必亦如谈儒理然，牵枝引叶，似是而非，反令正义因之不彰而已，此又不幸中之大幸也。

又此四科，更有一要义，亦不可不明者。其义云何？则以头一科为主，余三科释其所以然，是也。头科云何为主？般若波罗蜜，则非般若波罗蜜，是也。当知般若，是人人本具之智，即是清净心。此清净心，住处无方所，用时无痕迹，本是把不住，取不得的。所谓心月孤圆，光吞万象。何以故？以其绝待清净故。《圆觉经》不云乎：有照有觉，俱名障碍。佛说般若，本令人依文字，起观照，证实相。但恐人存有照觉之智，其下者甚至向名言中觅般若，故特于说明奉持之所以时，不嫌自说自翻，而曰般若则非般若。如此一说，直使奉持者心中不留一个字脚，不能沾一丝迹相，真所谓快刀斩乱麻手段。即此便是金刚般若，迥异乎相似般若矣。_{般若之理，见不彻底，经论中名为相似般若。谓其似是而非也。}一切行人，当如是奉持也。

上云以是名字者，当以是金刚名字也。故此金刚般若，持以破惑，惑无不尽；持以照理，理无不显。故能即一切法，离一切相；即复离一切相，行一切法。果能如是奉持，方于世出世法，究竟达其本末边际。谓之波罗蜜者，因此。此佛说般若则非般若之真实义也。复恐学人不能通达，故更说下三科以明其义，俾得洞然明白耳。

有所说法否一科，是明般若无言无说也。上云般若非般若，正显其非言说所可及。故以有所说法否，试其见地。答曰无所说，正与问意针锋相对。若知得虽终日说，炽然说，而实无言无说。是不于言说中求也。如是奉持者，是为般若波罗蜜也。

三千大千世界一科，是明般若境智一如也。般若非般若，正显般若非实有一法。而法法皆般若之意，以明诸法一如。恐未能解，故借微尘世界，发个问端。答言甚多者，就相而言相也。而如来说非，说是假名者，即相而无相也。若悟得细而微尘，大而世界，缘生无性，当体即非，皆是假名，则尘尘刹刹，莫非般若。所谓坐微尘里转大法轮，于一毫端建宝王刹。所谓尽十方世界是自己光明。又曰山河及大地全露法王身。皆境智一如之义也。境智一如，则是无能无所，而绝待清净矣。如是持者，乃般若波罗蜜也。

三十二相一科，是明般若无智无得也。般若非般若，正显般若正智。觉性圆明，无能觉，无所觉。而凡夫则曰若无能证之智，所证之果，为何现三十二相。故以得见如来否发问。答曰不也，乃的示法身无为，原非色相。但如来以无智无得故，所以大悲随缘，现起无边相好，或三十二相，乃至随形六道。可知种种相好，不过随缘现起耳。既是缘起法门，所以相即非相，而是假名，故曰非，曰是名也。若会得非相是名，则如来随处可见。即三十二相而见如来，可也。若或未然，著于三十二相，终不得见如来也。奉持般若，如是如是。总而言之，般若法门，本如来说，今示以尚无所说，何况般若之法，其不应执著，不待言矣。遣其法执者，以清净心中，不可有境界相也。故复示以尘非尘，界非界。使知法法头头，莫非般若，岂别有境界。然而人之不忘乎般若境者，以佛即证此故也。故更示不以相见如来。若知三十二相为非相，而是假名者，则是能见诸相非相矣。若见诸相非相，则见如来矣。知此，则般若非般若之旨，可以洞明。即云何奉持，亦可洞明。盖总以开示当即相离相以奉持而已。

　　若照此义趣分科，则第二第三第四三科，应摄在第一科之下。今不如是而平列者，以平列分科，则空有二边不著。

以及遣荡圆融诸义，彰显明白，易于领会故也。然以般若非般若一科为主之义，经中明有，亦不可漏，故补说之。

此外尚有别义，亦甚紧要，不可不知者。此请示名持一科，已由伏惑说至断惑。然而当知惑有粗细，此中是断分别粗惑。故前半部总判曰：约境明无住。至后半部所断，乃俱生细惑。故其总判曰：约心明无住也。问：此中已明离念，岂非已是约心明乎？答：此有二义，前后不同。（一）此中虽已约心明，然尚属于诠理。即谓尚属于开解。入后乃是诠修。更于修中显义，以补此中所未及。此前后不同处也。（二）此中先离粗念，即起心分别之念。入后是离细念，即不待分别，与心俱生之念。此又前后不同处也。上来详明所以，已竟。

（癸）三，结显持福。分二：（子）初，约命施校；次，明持福多。

（子）初，约命施校。

"须菩提！若有善男子、善女人，以恒河沙等身命布施。

宝施尚是外财，今则乃以身、命施，佛经中名为内财，重于外财远矣。众生最爱者身,最重者命。身指四肢等言,犹未损及于命,已属难能,况为众生舍命乎。且不止一个身、命,乃如恒河沙数。人之一生,只有一个身命。今云以恒河沙等身、命布施。其为生生世世,常以身、命布施,可知。其为难能也何如,其福德之多也何如。然若施相未忘,仍属有漏。如世之杀身成仁者,初未闻其有成佛事也。

（子）次,明持福多。

"若复有人,于此经中,乃至受持四句偈等,为他人说,其福甚多。"

受持一四句偈等,胜过恒河沙身、命施,此何理也?且前两次,皆以宝施校胜,此更以身、命施校胜又何说也?当知第一次显胜,因甫生净信故,但以一个大千世界宝施福德比较,以显其殊胜。第二次显胜,因解慧增长,不但知境虚,并知心中本无尘境。故以无量无边大千世界宝施福德比较,以显其殊胜。至此则解义更深,已开金刚智矣。此智既开,便知断其妄念,而舍生死根株,其功行视前更为入里。故不以外财校显,而以内财校显。因其持说一四句偈等,若能开金刚智,奉金刚般若以修持，便能断念。断念便舍生死根株，而超凡入圣。视彼但能多生多劫舍其身命，而未能舍生死根株者，相去不可以道里计。故持说此经一四句偈等之福德，多于以恒河沙身命布施之福德。以此开金刚智，可望超凡入圣。彼不知持说此经，金刚智便无从开，而仍未能脱生死轮回苦恼之凡夫故也。

（辛）四，成就解慧。分二：（壬）初，当机赞劝；次，如来印阐。（壬）初，又三：（癸）初，标领解。

（癸）初，标领解。

尔时须菩提闻说是经，深解义趣，涕泪悲泣，而白佛言：

从开经至此，所有伏断分别我法二执之理事，由浅而深，逐层阐发，至详至晰。故此一科接明深解。当机之如是自陈者，无非望大众皆得如是，故既赞且劝也。何以故？佛与长老，不辞苦口，反复阐明无住之旨者，原欲闻者大开圆解。盖经旨是甚深微妙中道第一义，若不通达其深微，则见地未圆，何能二边不著，合乎中道。经云：深解义趣。正明其见地已圆，不同向之偏空矣。此其所以自陈非慧眼得闻，至于涕泪悲泣也。此中虽说解义，其实已摄有行。盖解行从来不能分开，故曰解行并进。并进者，以其必行到，方能解到；必解圆，而后行圆，故也。

当知修行不外闻思修三慧。如此中之闻说是经，便是闻慧。何以此闻乃是闻慧，至下当说。而深解便是思慧、修慧。何以故？若不思惟修观，便不能深解故。故曰说解便摄有行。不但此也，所谓深解义趣者，是何义趣乎？即是深领会得上文所说，当云何生信，当云何奉持，之所以然也。然则说一解字，不止摄行，亦摄有信。且下文云：信心清净，则生实相。生实相，便是证性。下文又云，得闻是经，信解受持，则为第一希有。乃至何以故？离一切诸相，则名诸佛。名之为佛者，明其证性也。然则说一深解，不止摄信摄修，并证亦摄在内矣。而且信心清净则生实相之意，又是说实相之生，便是信心清净。观此，则前次所说信解行证，虽说为四事，其实乃是一而四，四而一，其理益可证明矣。

此成就解慧经文，乃是开经以来之归结处。何以故？上来师资种种问答，苦口婆心，以发明甚深义趣者，目的何在？无非望闻法者，能开深解而已。岂非上来千言万语，得此一科，始有个着落乎。故曰归结处也。不但此也，从次科"如来印阐"以下，凡世尊所说，又无非就上来所已说之紧要处，加以发挥，加以证明。令人对于上来所说要旨，更加一层信解，则受持更为得力而已。故此第四科成就解慧，及下第五科极显经功，乃是前半部总结之文也。此皆经中之脉络眼目，故预为提出，预为点醒，以便临文易于领会。

本经之例，结经者，凡标一尔时云云，皆是表示更端之意。此中深解义趣四字，约义趣言，则皆上文所有。而约深解言，则是上文所无，至此方始自陈，故曰更端也。尔时二字，与上请示名持中之尔时，正相呼应。盖请示名持以前，所明之义，是开知境虚智，开无尘智。至请示名持时，乃开金刚智。此智甚深，不易领悟。此智若开，便断惑证真，乃修功之所归趣。今云深解义趣，便是自陈其得开金刚之智矣。若但开得知境虚智、无尘智，不过是观行位、相似位，不得曰深解也。不但此也。此中之尔时，乃直与经初尔时长老须菩提在大众中，即从座起时之尔时相应。何以故？若无彼时之请法，何来此时之深解乎。若深观之，此时之深解，已伏于彼时之请法。何以故？因长老能于大众瞢瞢之时，独能窥破佛不住相，因而请法。所以闻法即解耳。若在他人，决不能闻说是经，便得深解义趣。此下文所以云不足为难也。是经文中已明明点出前后关系矣。不但此也，彼一时开口即赞希有，此一时亦开口即赞希有，皆点明前后相应之眼目处。又观彼时长老即从座起，愿乐欲闻，何等欢欣踊跃。而此时之长老，却涕泪悲泣矣。前后映带，大有理致。盖彼时之欢欣，正此时悲泣之根也。尔时二字，若约当下说，便是开示所以奉持之理已竟之时，亦即闻而深解，悲从中来之时也。闻说是经之闻，与经初愿乐欲闻，此两闻字正相呼应。闻所欲闻，且复深解，真乃万千之幸，此所以喜极而悲也。深解与最初之谛听相应，若不谛听，断难深解。故闻说是经之闻，非泛泛而闻，所谓闻慧是也。然此亦是就长老说，因其本是第一离欲阿罗汉，早能无念，既具慧眼，又复解空第一。故于未闻是经之先，便能洞了无住之旨而见如来。所以谛听之效甚伟，闻便深解耳。若在凡夫，纵能谛听，决不能一悟彻底。能开知境虚智，已难能而可贵矣。若闻经便尔无尘，千古能有几人。至如金刚智，更无论矣。即如禅宗六祖大师，闻应无所住而生其心，而得顿悟，古今无第二人。然而传授衣钵以后，尚为猎人羁绊十余年。此正佛祖加被，磨炼其金刚慧剑耳。若在末世，尤难之难。故下文云：后五百岁，得闻是经，信解受持，是人希有也。此理不可不知,然亦不可因难自阻。佛说后五百岁持戒修福,能生信心,便能一念相应。信为道源功德母,果能闻经实信,便入般若之门矣。果能入门,何尝不可顿悟顿断。何以故？诸佛加被故,凤慧甚深故。然则何谓入门？实信尘境皆虚,不为所缚,便是般若之初门也,此理尤不可不知。

义者义理。即上来所说观门行门,若伏若断之真实义,是也。趣者归趣,亦云趣向。即下文所谓信心清净,则生实相,是也。盖义理千端,归趣则一。佛说文字般若,无非令依之起观照,证实相耳。若不了解义之归趣,则如入海算沙,毫无归结。亦如行舟无舵,将何趣向。则亦无利益功效之可言矣。故但解义不解趣,非深解也。且以归趣言之,若但解归结所在,而不解如何趣向。仍是如数他家宝,自无半钱分,亦非深解。必须既了解义之归结所在,更复了解此之所在应如何而趣向,是真能深解者矣。此深解义趣四字,是结经者所加。盖从下文自陈中,得知其能深领解也,故特为标出。其标出盖有二意：(一)使读经者知下文自陈中所说,乃开经以来种种妙义之归趣,宜悉心体会之。(二)若不标出,则涕泪悲泣,从何而来。且使知以解空第一之长老,乃因深解此经而悲泣,可见经中所说之空,非寻常空有对待之空矣。又使知以长老亲依座下之大弟子,乃因闻解此经,至于悲泣。可见此经真是难遭难遇,岂可轻视,更岂可不悉心体会。又使知以长老之悲泣,由于深解。可见久读此经,而漠然无动于中,甚至怕谈般若者,无他。由于经中义趣,未能领解故耳。由是言之。结经者特标此句,其为警策也,至矣切矣。

涕泪而泣,正明其悲。涕泪者,悲泣之容也。泣与哭异,有泪有声为哭,有泪无声为泣。人之所以哭者,忽遭意外大损,如刀割心,懊丧之极,不觉失声而恸,此之谓哭。人之所以泣者,深幸未得今得,喜愧交并,感荷之至,不觉垂涕而悲,此之谓泣。长老兴悲,不外此理。即由其抚今而喜,追往而愧,既愧且喜,因之愈感佛恩。合此三种心理,遂现悲泣之相矣。何以见之。此中云闻说,合之下文佛说如是甚深经典,昔日未曾得闻。则今日之感谢佛为之说,深喜何幸得闻,可知矣。而昔日虽得慧眼,不闻此经,其深抱惭愧之意,显然若揭。须知当其慨叹往昔处,正其庆幸今日处。故曰:长老兴悲,是由且喜、且愧、且感,三种心理所发现也。至如下之三劝信解文中所言,是长老不但自庆,更为一切众生喜得无上法宝,此其所以广劝信解受持也。然则既如此喜愧交并,能不感激涕零乎。

凡人大梦初醒,回忆从前,莫非如蚕作茧,自缠自缚;如蛾赴火,自焚自烧。抚今思昔,往往涕不自禁。古德有云:大事未明,如丧考妣;大事已明,更如丧考妣。皆此理也。而白佛言者,因闻说是经而得深解义趣,因深解义趣至于涕泪悲泣,于是自陈见地,求佛印证。必然之理也。将涕泪悲泣而白佛言八字连读之,便是垂涕泣而道。观经初长老为大众请法,及下之广劝信解,可见长老向世尊垂涕泣而道,便是向遍法界尽未来一切众生垂涕泣而道也。即次科所说昔来慧眼未曾得闻,亦是普告一切众生者。我长老大慈大悲,意在警策一切众生当速发无上菩提心,奉持般若,方为绍隆佛种,方为不负己灵。若学小法,虽开慧眼,得无诤三昧,成第一离欲阿罗汉如我者,尚不免今昔之感。慎勿如我之闻道恨晚也。而佛说此经,万劫难逢。且义趣甚深,若得闻之,便当如法奉持以求深解。始知佛恩难报,而庆快生平耳。总之,长老之喜,为众生喜。长老之感,为众生感。其惭愧往昔,悲泣陈辞,皆为激发众生。须知我辈得闻此甚深经典,不但佛恩难报,长老之恩,亦复难报。何以故?佛说此经,是由长老为众生而请说故。

（癸）次，陈赞庆。

"希有！世尊！佛说如是甚深经典，我从昔来所得慧眼，未曾得闻如是之经。

"希有"两见，然赞语同，赞意则不同。前因乍悟本地风光，如人忽睹难得之宝，故赞希有。今则深解真实义趣，如人已获望外之财，昔未得闻，而今得闻，故是望外。庆快万分，故赞希有。盖前是外睹宏规，今是内窥堂奥也。

此希有二字，不止赞佛，兼及赞法，并有自庆之意。下文云佛说如是之经，可知是赞佛说之希有也。此中又含有四意：（一）难说能说。甚深般若，唯佛与佛究竟证得故，亦唯佛与佛能究竟说。而一佛出世，必经多劫，故曰希有。（二）时至方说。此《金刚经》说在般若之第九会，若无当机之长老，将向谁说。以说必当机，机缘未熟，说亦无益故，故曰希有。（三）无说而说。如来无所说，佛之说此，原令众生见如来。且般若本非言说所可及，故今虽炽然而说，当知实为无说之说，说而无说也，故曰希有。（四）大悲故说。佛视众生本来是佛，因其昧却本来，遂成众生，是故说为可怜悯者。故此无为之法，虽不可说，而假设种种方便说之，皆令人无余涅槃而灭度之，岂非希有。

兼赞法者，下文云佛说如是甚深经典，甚深二字，便是赞辞。经典而曰甚深，明其超过其他经典也。无上甚深微妙法，百千万劫难遭遇。如本经上文所云：一切诸佛及诸佛阿耨多罗三藐三菩提法皆从此经出，以及持说一四句偈等胜过恒河沙身命布施，乃至经典所在之处，即为有佛，若尊重弟子等句，其法之希有可知。至若向后所云：是经义不可思议，以及为发最上乘者说等句，莫非明其为希有之法。以其均在后文，此中姑不引释。

云何含有自庆之意。如下文言昔之慧眼不闻此语，正是自庆其今得闻而深解也。然则昔何道眼不开，今何见地深入，岂非希有之事乎。

何云甚深经典。此经所说，是佛法根本义，是究竟了义，是大智大悲大愿大行之中道第一义，是第一义空之义，是令信解受持者成佛之义。且一言一字，含义无穷，其深无底，故曰甚深。以第一离欲阿罗汉之慧眼而未曾闻，正明其甚深也。又般若波罗蜜深矣，而此经乃是金刚般若波罗蜜，故甚深也。其他如上来所引，佛及佛法皆从此经出等等言句，其甚深可知矣。

昔来者,谓自证阿罗汉果得慧眼以来也。何谓慧眼,眼者见地之意。佛经说有五眼。(一)肉眼。凡夫见地也。(二)天眼。天人之见地也。天人亦是凡夫,然其所见,超过人道以下。故名之曰天眼。(三)慧眼。见人空理,谓之慧眼。阿罗汉之见地也。(四)法眼。既见人空,更见法空,故名法眼。此菩萨见地也。(五)佛眼。谓佛之知见也。则超胜一切矣。今略说其概,待说至下文明五眼时再详。

昔来但空人我,而此经是空法我。故向于此理,未曾契入。故曰昔来慧眼未曾得闻。此中含义,甚多甚要。兹当分晰说之。

(一)上言眼,下言闻,眼与闻毫无交涉。便可证明所谓眼者,乃谓见地,不能作眼耳之眼会,亦不能作眼见之见会。

(二)眼之与闻,既无交涉。则所谓闻者,亦不能呆作耳闻会。乃是返闻闻自性之闻,所谓闻慧是也。

(三)既是闻慧,则说闻便是说解。然则昔未曾闻者,非谓一径不闻。乃谓虽闻而未得解,等于未曾闻耳。

(四)愧其昔未得闻,正是幸其今已得闻。今何以闻?由其深解。故上云佛说如是甚深经典。何以故?若非深解,便不知此经有如是之甚深故。此结经者所以标之曰深解义趣也。

（五）长老嗟昔未闻，大有闻道恨晚之慨，此适才所以悲泣也。然则今者何以闻而深解。以其观见如来，于法无住，其不取著向学之法可知。又复为众请此大法，其发大智大行大悲大愿之心可知。是其见地迥异乎前，故于此甚深之经，遂能契入耳。

（六）此经说在《大般若经》之第九会，何云昔未曾闻。又前八会中，长老且转教菩萨，亦不得云昔未开解。须知长老今如此说者，无非劝导众生，急起读诵此经，信解受持耳。

（七）昔之八会，虽已得闻。其转教菩萨，虽已开解。而金刚般若，却是至此乃说。故曰甚深，故曰昔未曾闻。

（八）由是言之，上文所言深解，乃是甚深之解。因般若已是深经，前会已教菩萨，是已早开深解矣。而此会之经，则为甚深之经，故今日之解，乃是甚深之解。故不禁抚今思昔，而知必能如是了解，方为彻底。此其所以闻道恨晚也，此其所以涕泪悲泣，此其所以广劝信解也。

（九）长老如是自陈者，复有微意。其意云何？开示大众如是甚深经典，切不可执著文字，切不可向外驰求。当摄耳会心，返照自性，乃得开其见地，了解经中甚深之义趣耳。

（十）不但此也。更有深意存焉。既是人空眼，不能见法空理。可见人之学道，浅深次第，丝毫勉强不得。而长老道眼，必至第九会始开。又可见时节因缘，亦丝毫勉强不得。不但此也。世尊出世，原为令众生证般若智，到涅槃岸。乃迟之久而说般若，又迟之久而说金刚般若。可见发大悲心者，亦复性急不得，以机教必须相扣故。而有一慧眼之见，便不得闻。更可见看经闻法，必应将其往昔成见，一扫而空，始有契入之望。以一有成见，便障道眼故。

（癸）三，劝信解。分二：（子）初，约现前劝；次，约当来劝。（子）初，又二：（丑）初，明成就；次，明实相。

（丑）初，明成就。

"世尊！若复有人得闻是经，信心清净，则生实相，当知是人，成就第一希有功德。

长老大慈，自得法乐，普愿现前当来一切众生，同得法乐。故盛陈成就之希有，令大众闻之，发心信解。虽文中未明言劝，而劝意殷殷矣。此正大悲大愿之阿耨多罗三藐三菩提心也。若复有人,盖深望有如是之人也。得闻是经,含有不易得,何幸而得,不可错过此一得之意。清净即是无相。如前以不住六尘生心为生清净心,正明住尘便是著相。少著相便非清净矣。而既曰不住,又曰生心。又明所谓无相者,非对有说无,乃绝对之无。即是有无等四句皆无,方是无相真诠。若彻底言之,并此绝对之无亦无,乃为究竟清净。所以位登初住,只证得一分清净心,由是而功行增进,愈进愈细,历四十阶级,至于等觉,尚有一分极微细无明。换言之,便是清净心尚有微欠,故曰等觉见性,犹如隔罗望月。更须以金刚智除之,乃成究竟觉,则清净心完全显现矣。

何云信心清净?谓由信此文字般若,起观照般若,而得一心清净也。故此信心清净一句,虽只说一信字,而解行证并摄在内。若非观慧,执情何遣。若非遣之又遣,至于绝对之无,信心何能清净。所谓观慧者,即是奉持金刚般若,离名字言说,不著一切微细广大境界,并希望胜果,亦复不著。但蓦直如法行去,一念不起。果能断得一分虚妄相想,即是生灭心,亦即是念。清净心便现一分。现得一分,便是证得一分法身,而登初住,转凡成圣矣。从此加功至究竟觉,而后生灭灭已,寂灭现前。则自性清净心圆满显现,名曰妙觉,亦名成佛,亦名入无余涅槃。又可见所谓信为入道之门一语,其门字是广义,非专指大门而言,堂门室门,赅括无遗。又可见解行证三,皆信字之别名。换言之,便是所谓解行证非他,不过信心逐渐增长而光明,至于究竟坚固而圆满耳。何以故?曰解,曰行,曰证,必信心具足,而后乃能解足行足证足故。若其信心少欠,尚何能解、能行、能证之可说。故曰信为道源功德母也。故前云信解行证,当圆融观之。不能呆板,看作四橛也。故本经中开解、进修、成证三科,皆兼说及信也,此理不可不知。

实相是性体之别名。下文是实相者,即是非相,是故如来说名实相三句,即是自释此义。何以性体名为实相,至下当说,今暂从略。性是本具,无生不生。今言生者,现前之义。此与前文生清净心意同。向因在缠而不显现。今奉持《金刚般若》,迷云渐散,光明渐露,有如皓月初生。盖无以名之,假名曰生。《大智度论》所谓无生生是也。无生生者,无生而生也。《论》又云:诸法不生,而般若生。盖谓若解得诸法不生,便是无生观智现前,是为无生而生。

此义甚深,犹恐未能了解。兹更释之曰:无生观智,即是般若。般若实相,皆是法名。既是诸法不生而般若生,而般若亦诸法之一，何得曰生？不过明其无生观智现前耳。盖法本无生，假名曰生。故曰是为无生而生也。般若生之义明，则实相生之义，可了然矣。更当知般若实相，固是法名，而此法非他，即指本性是。故本经实相生一语，便是性光显现。而《大论》中般若生一语，便是无生观智现前也。性本无生，故无生观智一语，犹言性智。性智者，性光也。言观智者何义？明其智由观现耳。犹之本经之言信心清净，信心清净者，明其心清净，由于信成就耳。经言则生者，则者便也。信心清净，便生实相，犹言信心清净，便是实相现前。因其信成就，便心清净。而清净心也，实相也，皆是本性。故信心清净，便是实相现前也。此正显其生即无生之义。当知说为清净，正因诸法不生。然则少有所生，便非清净心可知。而又名之曰生者，以其是无生而生，生即无生故耳。既然信心清净，便是实相现前。可知实相现前，亦复便是信心清净而已。然则所谓证得者，可知亦是假名。实无所证，无所得也。不但此也。所谓信心清净者，亦他人云然。是人心中初不自以为信成就，初不自以为心清净。何以故？少有一丝影子在，便是法相，便是取著，便非诸法不生，尚得谓之信成就心清净乎。

然则经文何必定要说一生字？何不径曰信心清净则实相现前,岂不直捷？当知说一生字,又复含有要义：

（一）说之为生者,是明信心清净,乃迥脱根尘,性光明耀,非同死水也。此与前言生清净心同一意味。盖表其所谓清净者,是寂照同时。非止有寂而无照也。而说一信字,又是表其功行。前所谓解行证三事,并摄在内是也。

（二）说之为生者,是明其刚得现前之意也。因实相须分分现,非骤能圆满。若径曰实相现前,太笼统矣。故说一生字,使人领会得如月之初从东方现起耳。

（三）说之为生者,又明其初得转凡入圣也。因为实相刚刚现前,便是现得一分。而现一分实相,便是证一分法身,而位登初住,即分证位之第一步。此是初成菩萨之位。故说一生字,表明其初入圣位。所以下文紧接曰：当知是人成就第一希有功德。

前释最上第一希有,不云乎。最上即是无上,第一即是正等。菩萨自度度他,自他平等。又复悲智双运,福慧双修,定慧等持,此皆菩萨修功也,皆平等义也。正等者,言其既正觉,复平等也。佛座下菩萨位在第一,小乘位在第二。故第一是指正等之菩萨。希有者,正觉也。凡夫迷而不觉。外道觉亦不正。故正觉是指小乘罗汉,明其能以正法自觉也。能以正法自觉,故曰希有。希有者,对凡夫外道言也。若菩萨不但自觉,兼能觉他,故曰正等。具足称之,则云正等正觉,亦即第一希有。佛则自觉觉他,觉行圆满。故称无上正等正觉。亦即最上第一希有。今此中曰成就第一希有功德,不曰最上者,是明其已成菩萨,即初住位菩萨也。以其实相刚生,故由此中文义观之,益足证明前来最上第一希有,应作无上正等觉释。不能作他释也。又此中第一,虽亦可作是成初住第一位菩萨释,然而不妥者,以与上来最上第一希有不一贯,不如仍作正等释之。

言功德者,功者修功,德者性德。盖明其既已成圣,则照觉增明。约破自他惑言,则功用平等,是为成就第一希有之功。约自觉觉他言,则性德初彰,是为成就第一希有之德。福德与功德,同乎异乎?答:不能定说同,亦不能定说异也。何以故?福德专约福言,功德赅福慧言;福德约感来之果报言,功德约显出之体用言;福德多就有为言,功德每就无为言。此所以不能定说同也。然若修功德而著相,则功德成为福德。若修福德而不著相,则福德即是功德。此所以不能定说异也。

上来校显处皆说福德,此处则言功德,何也？答：凡校显处皆言福德,不言功德者,此有三义：（一）持说此经,本是功德而非福德。然因其是引著相布施之福德来比较,故顺文便,亦姑名之为福德。（二）兼以显明修无住行者,虽不应著相,亦不应坏相。故皆言福德,以示修慧,应兼修福之义。（三）持说此经,所以胜彼著相布施者,无他。即因其通达不著相之理故也。所以皆言福德,以明若不著相,则福德即是功德之义也。又须知七宝施,身命施之人,本是发大心者,即本是修功德者,不然决不能如是布施。然但说为福德者,无他。正因其不持说此经,不能通达应不著相之理耳。是其中又含有若其著相,则功德成为福德之意在也。至于此处,原非引著相福德校显,乃是发明信心清净,便成就第一希有。须知因其能不著相,乃能清净而得如是成就也。故不能言福德,只能言功德。

上科是自陈其已能深解。若非深解,何知经典之甚深。此义前已详谈。然但明深解,尚是总冒。此科以下至则名诸佛,方陈明其所深解之义趣。若专就此科说,则信心清净句,是深解义,亦兼深解趣意。则生实相,当知是人成就第一希有功德,正明深解趣也。当知者,谓当知实相之生,便是成就。又当知信心清净,便生实相也。当知二字,虽说在中间,而意贯两头。言当知者,正因其自得深解,故劝人亦当如是深解也。

何谓信心清净为深解义耶?因前生信文中,世尊言持戒修福,能生信心,以此为实。接云闻是章句,乃至一念生净信。而开解文中,复云应生清净心。故长老今云信心清净,正与前文针对。长老以为世尊开口便令发心度众,度无边众生而实无众生得灭度者,乃至有我人相便非菩萨,此义便是令不取相。其下又令不住六尘布施,不住六尘生心,无非令不取相而已。何以不能取相,为生清净心也。所谓一念生净信者。信何以净?心清净也。可见生净信,便是生清净心。又可见心之清净,全由于信。试观一念生净信一语,意在明其已得一念相应。何谓相应?谓其一念而与自性清净心相应也。相应之义便是证。而不修何证,不解又何修。而解行证一概不提,但云一念生净信。可见一个信字,已贯彻到底。即是令人体会果能实信为因,必得净信之果也。简言之,信心增长,至于圆满,便心清净矣。由是观之,长老信心清净一语,无异为上来世尊所说诸义之结晶。若非深解其义,便道不出。

前文又云：一念生净信者，如来悉知悉见，是诸众生得无量福德。而于应生清净心之下，复云：当知是人成就最上第一希有之法。故长老今云：则生实相，当知是人成就第一希有功德。亦正与前文针对。长老以为世尊所以云应不取相，应生清净心者，以必须远离根尘识之虚相，乃能生起清净心之实相也。所谓得无量福德者，以其成就最上第一希有之法故也。最上第一希有，唯佛堪称。其下缀一法字。上又曰当知。皆是防人误会而告之曰，当知是生清净心之人，虽未成佛，却已成就成佛之法矣。其法云何？即所谓离根尘识虚相，生清净心实相是也。当知是人由实信故，而能离虚显实，一念相应，其功德已成就第一希有之菩萨。至此地位，是已超凡入圣，始有成佛之可能。盖必先成菩萨，而后方可成佛。此处之当知正与前文之当知相应。故必成就第一希有功德，乃为成就最上第一希有之法也。此非长老深解义之归趣乎。且知信心清净，便生实相而得成就，又非长老深解义之趣向乎。

由上来长老所解之义趣观之，吾人亦可悟得，既然证性，便是信心清净。则吾人必须开解者，无他。在令信心增明而已。而必须进修者，亦无他，在令信心增长而已。盖以信为主干，解、行、证，则为信之助力也。复由此可悟信为主干，故曰信为入道之门,故曰信为道源功德母,故学佛必当首具信心。而此经全部,是以生信、开解、进修、成证,明其义趣。故吾人闻得此经,对经中所明之如何为生信,如何为得解,如何为修无上菩提,如何为成忍,首当一一信入之。然后方为实信,乃能开解精修而得证也。经中处处兼说信字,即是点眼处。吾人当如是领会也。

更有一义,不可不知者。信为主干者,意在令初发心菩萨得以入门也。然而当知一即一切,一切即一。《华严》明此义。故约信解行证言之。若以信为主,则一切皆趋于信。若以解为主,则一切又皆趋于解矣。其他类推。故闻法当深会其用意之所在。若执著名言,死在句下,为学佛之大忌,亦非圆融无碍之佛法矣。即如信字固要紧,解字亦要紧。简明言之,即是信解行证四事,无一不关紧要。而四字中尤以信解为最紧要。以此二事最密切故也。何谓最紧要?学人若能实信、深解,则自能精修而得,否则那有修证之可言。故曰最紧要也。何谓最密切?解因信有,信从解生故也。信字居首。此经亦先说生信,次说开解;且信字贯彻到底。如上所说,则解因信有,自不待言。而曰信从解生者,即如前云能生信心以此为实,此中便含有信从解出之意。云何生信?以此为实故也。若非了解得经中真实义,何能以此为实。又此中长老自陈其深解之义趣时,开口乃云信心清净,则生实相。亦是显明若非深解,便不知信心关系有如是之巨也。则信从解生,愈得了然矣。其他本经中语,可引而证明者尚多,兹不具述。

前云:成就第一希有功德,是初住位。云何知其是初住耶?答:此有二点。(一)是从上文生字看出。(二)有《大智度论》为证也。当知实相现前便是证无生忍。《大论》卷五十曰:"于无生灭诸法实相中,信受通达,无碍不退,名无生忍。"按论中所言通达无碍自在一语,即是证义。然则无生忍心,是因其通达实相。则实相现前,便是证无生忍也可知。而实相现前之位次,便是证无生忍之位次,亦可知矣。证无生忍位次,经论有种种说,前已谈过,今无妨重言之。如《大论》七十三云:"得无生法忍菩萨,是名阿鞞拔致。"阿鞞拔致者,不退之义,即初住是。是说初住得无生忍也。而《华严经》则谓八地证无生忍。《仁王护国》等经,则在七八九地。以上诸说虽别,其义皆通。盖初住便得分证,至八地以上,得无功用道,即是无学。而后圆满耳。故言初住证者,是谓分证。言八地等证者,明其圆证也。须知即约圆证言,若细分之,亦有次第。八地九地十地所证譬如十三夜月，虽圆而未尽圆。等觉所证圆矣，尚不无微欠。至于佛地，始如月望之月，究竟圆满。而初住之分证不过证得一分。则如上弦之月，清光甫生而已。故本经曰生实相者，正明其清光甫生，位登初住也。又须知龙树菩萨《大智度论》说初住便得无生忍者，乃谓圆初住，非别初住。圆者，言其见地圆融。别者，言其见地无论于理于事，虽极精深而成隔别。隔别，即不圆融之意。更须知见地圆融者，位虽甫登初住，其见地却等于别初地。故《大乘义章》卷十二曰：龙树说初地以上得无生忍也。龙树本说初住，乃曰龙树是说初地者，此语正显龙树所说之初住是圆初住，而等于别初地耳。天台祖师《观经疏》亦曰："无生忍，是初地初住。"地住并说者因其所谓初地，是指别教。所谓初住，是说圆教故也。即此一语，可见别初地、圆初住，见地相等。又可见见地不圆者，必至登地乃圆。又可见所谓证一分法身者，亦大有出入。何以故？别初住之人，亦必证得一分法身，方能位登初住。然则虽与圆初住，同曰证得一分法身。而此一分之大小，则悬殊矣。何以故？以圆初住见地，等于别初地故。当知自初住至初地，有三十个阶级。岂非圆初住证得之一分，比别初住所证之一分，大三十倍乎。所以圆初住人修至初地，其中间三十个阶级，虽皆须一一经过，而经过甚速，不比别教人之难。然则别教人，即见地未圆者。当其由十信修至初住时，其必难于圆人，亦可想矣。上来所说种种道理，皆不可不知者。知此，愈知大开圆解之要矣。按大乘义章，观经疏，同以别初地，圆初住，证无生忍。夫证无生者，证法身之谓也。圆初住，只证一分。则别初地，亦为证一分也，可知。如是而言，岂非别初住并无所证乎。然不证一分，不得名为初住，其义云何通耶。当知别初地，圆初住之一分，极其光明。别初住，虽亦证得一分，而犹恍惚。譬如上弦之月，虽现而被云遮。何以故？以其素来见理见事，皆隔别而不融，遂致性虽见而仍隔，证如未证。故至初地见圆，始彰证得一分之名耳。当如是知，其义乃圆。以是义故，别初住虽曰分证，不过差胜于相似耳。当知名为相似者，因其所见非真月，乃月影。名为分证者，因其所见非月影，是真月，故胜。然而真月犹隐于浓云之中，故差。以其所见虽真，而仍模糊，其不同于月影也几希。此所以胜而曰差也。然虽相去几希，一则所见纵极光辉，而为水月，是向对面间接窥之，故名相似。一则所见纵极模糊，而为真月，是从性天直接观之，故差而仍胜也。当如是知，其义始彻。

（丑）次，明实相。

"世尊！是实相者，则是非相，是故如来说名实相。

此科，是释明实相为何，及何以名为实相之义。是实相者，犹言此所谓实相。则是非相，言不可误会是说相。既名实相，又曰非相，正明其所说乃性耳。如来者，性德之称。如来说，谓约性而说。名者，假名。既是非相，何名实相。故又释明之曰：正以其是非相之故，乃约性而说，假名为实相耳。意谓性不同相之虚妄，所以名之曰实相也。

经文含义无穷，只好逐层而说。兹先如上说其一义，以便了其大旨。若但作如是说，则不彻底矣。可以言之，性本非相，何故假名为实相耶。此义须分四层说之。

（一）实字有二义，一是质实义，二是真实义。质实者，质碍结实也。譬杯中盛满一物，甚为坚结，则有质有碍。何以故？再不能容受他物故，此之谓质实。然而性体虚灵，正与质实相反。虚则非实，灵则非碍故。故知实相之实，非质实义，乃真实义。真实者，明其非虚妄也。虚妄亦有二义。一者，虚是空义，妄是邪义。二者，虚是假义，妄是幻义。初义则为没有，为不好。次义不但非不好，并非没有，乃是假有幻相之义。前云：凡所有相，皆是虚妄。所谓虚妄者，乃次义，而非初义。此义正与真实义对待。然则相是虚妄，性是真实，明明是对待之物，而且性又明明非相，何以又名之曰相耶。须知佛经中一言一名，无不善巧。何谓善巧？能使人藉此名言，可以从此面而达彼面，不致取著一面也。须知正以性本非相之故，而又能现起一切相，空而不空，此性之所以为真实也。经文是故如来说名实相句，正显此义。是故承上非相言。如来指性言。非相是性，名曰实相者，盖约性而说名为实，以明性非虚妄而是真实之义也。复约性而说名为相，以明性虽非相，而能现相之义也。且由此经文观之，即此实相之名，并能令人领会得性体绝待之义。盖性相对待之说，从表面观之云然耳。若察其实际而深观之，离如来性体，并无相之可说，可知性体之为绝待矣。经文如来说名实相，犹言由如来而说，名实相也。正显非性不能说实，非性不能现相之义也。此假名性为实相之所以然，一也。

（二）此科之义，正与前云若见诸相非相，则见如来之义，互相发明。盖前文意明。若只见得相一面，则偏于有；若只见得非相一面,则又偏于空。皆不能见如来性。何以故？性是空有同时并具故。起信论明如来藏具足空不空义,岂非空有同时乎。故必应能见相即非相,方见如来也。须知应见相而非相,亦应见非相而相。相而非相,色即是空也；非相而相,空即是色也。前文既明色即是空义,此中复明空即是色义,令人统前后而合观之,则于空有同时并具之义,更可了然。经文初云：是实相者则是非相,明其相即非相也。复云：是故如来说名实相。是故承上非相,而接云说名实相,明其非相而相也。相即非相,非相而相,正是如来藏真实义,故曰如来说。故先云是实相者,则是非相,重读实字。后云说名实相也。重读实字。此假名性为实相之所以然,二也。前文见相即非相,便含有非相而相义在,但未显说。故此中藉明何为实相之义,而显明道破以补足之。先说相即非相,后说非相而相,正明承相即非相而为之补足之义。又须知相即非相,非相而相二义,本互摄而并具,故于说相即非相之下,用是故二字承接说之,既以明补足前文之义,兼明二义本相联贯之意也。

（三）佛经中常云,性体空寂,因防人误会性体之空为空无,性体之寂为枯寂,故复名性体为实相也。实者,真实有之，非空无也。相者，炽然显现，非枯寂也。此中正明此义。非相二字言其空寂也。何以故？是相皆非，岂非空寂。殊不知正因是相皆非之故，乃约如来性体，说名曰实相。说名为实，显其妙湛总持，常恒不变，虽空而非无也。说名为相，显其胡来胡现，汉来汉现，虽寂而常照也。此又性名实相之所以然，三也。

（四）古德说实相之义，为无相无不相。此说甚妙，极为简明。无相无不相，应以二义说之始为圆满。一、性体本不是相，故曰无相。然虽不是相，而一切相皆缘性而起，故又曰无不相。二、虽能现起一切相，而与一切相仍然无涉，故曰无相，此明其即相离相也。性固不是相，然不自起一念曰：不是相也，故曰无不相，此明其即不相而离不相也。次义深于前义，总以明性体离念而已。无念则无所谓相不相，故念离则相不相一切皆离矣。然则以性体无相故，虽名之曰相，与彼仍无涉也。以性体无不相故，则名之曰相，于彼又何妨哉。况相有二义。一谓外相，即境相之意。一谓相状，乃摹拟之辞。名性为相，当然不能呆作境相会。故实相一语，犹言真实相状耳。无相无不相，正性体之真实相状也，故名之曰实相。如此释无相无不相，义固圆满。而如此释实相，亦颇善

巧。而此无相无不相一语,古德原从此科经文中领悟得来。故无相无不相,既具如上所说之二义。此科经文,亦复具此二义:

约初义言,以性体本不是相,故经文曰:是实相者则是非相。然虽不是相,而一切相皆缘性起,故经文曰:是故如来说名实相也。

约次义言,以相不相一切皆离,故经文曰:是实相者,则是非相。非,有离意也。实相便是非相,岂非相不相俱离乎。相不相俱离,如来藏之真实相状,如是如是。故经文申明之曰:以是相不相俱离故,约如来性体说,得名之为真实相状也。此性名实相之第四义也。

佛说本性,加以各种名称,乃至一切法亦无不用种种语式,安种种名词者,此义甚要,而亦从来无人说及,今为诸君略说之。

当知佛之说法,原为破众生之执。因偏私故执,因执而愈偏私。众生所以造业受苦,轮回不已,生死不休者,全由于此。而世间所以多烦恼,多斗争,乃至杀人盈城,杀人盈野,亦莫不由此。世尊出而救世度苦,故首须破此。须知众生所以偏私成执者,无他,由其智慧短浅。凡事只见一面,遂以为法皆固定,彼之所见,必不可易。而不知其是偏也,而不知其是执也。故佛为之顶门一针曰:"无有定法。"以破其偏执之病根。而凡说一法,必用种种语式,安种种名词者,正表其法无有定也。此法字是广义,通摄世法出世法而言。若但以为出世法如此,违佛旨矣。

更当知人之要学佛,学佛之要修观者,无他。以观照圆融之佛理,便能转其向来所有之观念,以化其偏执之病耳。故学佛而不修观,其益至小。何以故?必修观乃能明其理故。因观深,而后见理深。因观圆,而后见理圆。亦复见理深,则观愈深。见理圆,则观愈圆。如是辗转修习,智慧即辗转增明。已于不知不觉间,执情渐化,而妄念潜消矣。故所谓遣执者,其妙用在此,非硬遣也。所谓断念者,其妙用亦在此,非强断也。

然则所谓在此者,果何所在。当知佛之说法,从不说煞一句,从不说煞一字。且每说一法,必用种种语式,必安种种名词者,无他。为令闻法者,必须作面面观,乃明其中之义趣也。此即妙用之所在。何以故?借此便已除其向来只看一面偏执之恶习故。而此经所说,尤圆尤妙,真乃金刚慧剑。何以故?果能由面面观而达于深观圆观,便无惑而不破故。

且既须作面面观,方明义趣。自不能不多读大乘,以广其闻见。更不能不静意觉照,以领其精微。而定慧在其中矣。果能如是。不但修各种功行,皆得自在受用。对一切世法,皆得进退裕如。而转凡入圣,已建基于此矣。何以故?定慧日增,妄念日少故。此是闻法的紧要关键,入佛的最妙诀窍,急当着眼。

鄙人敬本此旨,每说一义,亦必作种种说,反复周密,不厌其详者,无非希望闻者,开豁心胸,多得作观方便而已。盖本来面目,固非言说所可及,且众生久已忘却。若不于无可言说中,多设方便以说之,云何修观耶。上来是明面面观、深观、圆观之益大。如其反之,其病亦极大。即如信解二字,每见有人一味主张,但办信心,老实念佛,足矣;一切经典,不许读诵;大乘法宝,更置之高阁。苟有研求教义,喜赴法会者,辄呵之曰不老实。须知老实念佛须有程度。念佛的义趣,一毫未明,何能老实?如此主张太过,岂止钝置学人,且复违背佛旨。以《十六观经》明言,求生净土,应读诵大乘,明第一义。其次亦须闻第一义,心不惊动也。所以凡依其方法而学者,非不能振作,半途而废;便走入歧路而不自知。此不知信从解生之过也。又见有人手不释卷,博学多闻。一部全藏,翻阅不止一遍。却从不曾烧一炷香,顶一次礼,对于三宝不知恭敬。修行一层,固谈不到。即其口中滚滚,笔下滔滔,亦复似是而非,误法误人。此又不知解因信出之过也。此前次之所以不惮烦言耳。

上来所说世尊说法,从不说煞一字云云。须知佛非有意如此,乃是智慧圆满融通,其出辞吐语,自然如此。不但佛然,菩萨亦然,大德祖师皆莫不然。故吾人对于一切经论,古德一切言句,即极不要紧处,亦不可忽略看过。不可忽略者,谓当一一作面面观,深深领会也。更须知佛菩萨见地,岂吾辈凡夫所能望见,纵能深解,亦不过见到千万分之一。纵令善说,亦不过说得千万分之一。虽穷劫说之,亦说不尽也。即如上科当知之义,前次已说了三四层。然其中尚含多义。今无妨再说数种以示说不能尽。

(一)当知是经不可不闻也。何以故?是人之生实信,成功德,由于得闻是经故。且是经不可不闻,换言之,即是般若不可不学。

(二)当知信心最要也。何以故?实相之生,由于信心清净故。由是可知前来所说,持戒修福,于此章句,能生信心,以此为实之语,应三致意。质言之,欲学般若,当生实信。欲生实信,先当持戒修福也。

(三)当知转凡成圣,不退菩提,非离相见性不可也。成就句,是明其位登初住,超凡入圣。名为住者,是明其至此地位,菩提心方能不退。即是信成就也。而心清净,是明离相。生实相,是明见性。此所以先说当知般若不可不学。何以故?不学般若,不能离相见性故。所以又次说当知先当持戒修福。何以故?不持戒修福,便非实信故。不实信便不能信心清净故。此皆学人所急应遵行。不如是行,便不能成就,故曰当知。当知者,明其不可不知也。

又推而言之,由陈赞庆一科之义而观,若其大心不发,此经不闻,至高只能开慧眼,成四果罗汉。由明成就一科之义以观,若其得闻此经,信心清净,至低便能生实相,成初住菩萨。此亦学人所当知者。由是言之,可见经义,实在无穷,实在说之不尽。可见闻法必应作面面观。即如我以种种义说明实相,若闻者,但作此是说明本性何以名为实相领会者,则非鄙人反复详说之意也。且若但解得性名实相之故者,亦与闻者无大益也。何以言之?实相是大家主人翁的本来面目。如此真面,本来唯证方知。然则云何得证?无他,唯有在返照上用功而已。不但闻时便当返照,更当于清夜平旦时,对境随缘时，依此次所说诸义，深深观照。或单举一义，或融会诸义，皆可。清夜平旦者，是向自心中观照也。对境随缘者，是向一切法上观照也。果能如是，则受用无边矣。当知佛于本性，安立各种名称者，便于人之因名会体也。而各种名称中，实相一名，于二边不著，空有同时，较易领会。此又长老独举此名为言之一意也。鄙人复就此名开种种义而说之者，意在便于闻者返照用功时，多得领会之方便，非但为解释名义也。由是可知开种种义说之之关系矣。

此科复有要义。因长老说此，固是释明实相为何，以及何以名为实相等道理，实兼以指示用功方法也。何以知之？此中既明相不相俱离，则与下文所说，离一切诸相，则名诸佛，正相呼应。离字大有功夫，无功夫何能离？何能名为佛耶？故知此中说有修功在内也。当知说一非字，便是绝百非。亦即是四句皆离。所谓有亦离，无亦离，亦有亦无亦离，非有非无亦离，是也。由是可知古德释实相为无相无不相，此一无字，亦是绝待之无，非对有说无也。盖相与不相，本是对待之辞。有对待，便有变动。有变动，便是有生灭。有生灭，便非坚固。而性体确是万古常恒，究竟坚固。坚固则无生灭。无生灭则无变动。无变动则无对待，无对待便是绝待。绝待者，相不相虽皆不离乎心性，而心性则超然于相不相之外，是也。质言之。相，有也；不相，无也。超乎其外，岂非超乎有无之外。则无相无不相一语，是说绝对无，而非对有说无之理，可以恍然矣。然则云何能绝对无之乎？有无四句皆离，是也。故经文曰：是实相者则是非相。说一非字，便是指示修功也。是令学人欲见实相者，当静心于一切皆非上领会。若领会得实相便是非相，便领会得倘使心中少有相不相的影子，便非实相矣。故是实相者则是非相一语，异常锋利，不得少触，触着便丧失慧命。质言之，是令学人须于一毫端上契入也。

今欲诸君有下手处，再依此理，说一方便。方便云何？即是须于未起心动念时精密观照。苟一念起而偏于有，即呵之曰非也。或偏于无，亦呵之曰非也。乃至念亦有无，念非有无，皆以非字呵而遣之。此是最妙观门。当知念头不起则已，起则于四句中，必有所著。今一切非之，便是离念之快刀利斧也。岂非最妙观门。至若出世法之六度万行，一一如法精进修行，而曾无芥蒂于其胸中。一一精进，不坏也，无不相也。而心中若无其事，不著也，无相也。而一切世间法，事来即应，事过便休。虽应而能休，虽休而能应。所谓提得起，放得下。无论世出世法，少有所偏，皆以非字遣之。如是久久体会四句皆离之义趣行去，便能做到应时便是休时，休时便能应时。自然二边不著，合乎中道，而相不相有无四句皆离矣。此又是最妙行门也。

经中明明曰是故如来说名实相，便是开示学人既非之而又说者，但明其不必坏耳。须知虽说而是假名，如来性体，仍宜离名字言说以自证也。而离名字言说，便是离念。离念方便，又莫过于向未起心动念时观照。一念苟起，便一切非而驱除之，岂非的示修功。当知自上科信心清净则生实相以下，正长老之深解义趣也。故闻经者当如是深解也。

世尊于本性安种种名，长老又独举实相一名而言，皆为令学人便于体认本性。故实相义宜多发挥。大论说实相有四句偈，最精最详，最宜知之，以便时常觉照。实相即是性的本来面目。正因昧却本性，故成众生。今欲转凡成圣，不真切体认得乎。偈云："一切实一切非实，及一切实亦非实，一切非实非不实，是名诸法之实相。"即此可见菩萨说法善巧。不就相字说，而就实字说，一也。不就性说，而就诸法说，二也。须知说为相者乃是假名，不过使人明了本性之状况耳。故不就相说，便是点醒不宜将相字看呆。若其看呆，便已著相矣。其就实字说者，又有深意。以人之著相，由于误认为实耳。若知一切法实亦非实，非实而实。便知一切法相即非相，非相而相矣。如此说法，岂非善巧。

其就诸法说者，须以三义明之：（一）使人得知心外无法也。佛说一切法，但是幻相而无实体。体唯净心。故曰万法唯心。又曰心外无法。故可就诸法以明实相。因诸法之实相，即是性故。就法而说，无异就性而说也。（二）使人易于体会也。众生既久忘本来。而一切法则为众生共知共见。不如就诸法说，俾得因诸法而悟心性。（三）使人明了一真法界也。《起信论》云：因不知一法界故，不觉念起而有无明。遂成众生。一法界者，一真法界也。十法界万象森罗，而真如则是一也。即一切同体之意。若知得一切法之真实状况，莫不空有同时。则上自十方诸佛，下至一切众生，以及山河大地，情与无情，莫不皆以净心为体，可了然矣。以净心之实相，本是空有同时故，是之谓一真法界，亦曰诸法一如。须知一切法皆由心现，心性既空有同时，故一切法无不空有同时耳。此善巧之二也。

龙树以马鸣为师，故《起信论》已约诸法以明真如，真是衣钵相传。一切实者，一切法俨然在望也。此语是破执无；

一切非实者，一切法当体即空也，此语乃破执有。又防人闻而执为亦有亦无，非有非无。故又说下二三两句。及者，连及之意。谓不可但看第一句。须连第二三句而体会之。其意若曰：顷所言一切法实与非实者，非隔别而不融也。当知乃是实即非实，非实即非不实耳。实即非实，所谓有即非有也，色即是空也；非实即非不实，所谓非有而有也，空即是色也。如是则四句俱遣，诸法之真实状况如是。亦即性体之真实状况如是。而结之曰：是名诸法之实相者。

又明法性本不可说。说为实相，亦是假名而不可著耳。常有人闻四句俱遣，及空有同时，不免怀疑。以为亦有亦无，非有非无，与空有同时，义味无别。何以故？谓之空有同时者，岂非明其说有亦可，说无亦可乎？又岂非明其但说有便非，但说无便非乎？然则何以说亦有亦无，或说非有非无，皆谓其偏执而遣之耶？此人如是说来，误矣，大误矣！以其不但未明亦有无、非有无，之语意；并未明空有同时之语意，故也。当知亦有无、非有无，两句，是承其上文有句无句而来，故谓之四句。

说亦有亦无者之用意，以为第一人单说有，第二人单说无，各偏一边，诚然有病。我则不如是。我说一切法，乃是亦是有亦是无。既二边之俱是,则偏于一边之病除矣。殊不知说有便不能说无,说无便不能说有,而曰亦有亦无,自语相违;况看成有亦是,无亦是。语既模棱两可,义复隔别不融,故应遣也。

说非有非无者之用意,以为第三人所说,诚哉有病,我则异乎是。我说一切法,乃非是有、非是无。既二边之俱遣,则第三人执著二边之病除矣。殊不知非有便是无,何又云非无?非无便是有,何又曰非有?岂非戏论。且仍是看成有是有,无是无。其隔别不融,亦与第三人病同。故应遣也。又复第三人见地,既说有无双是,则仍是偏在有边。而第四人见地,是说有无双非,则依然偏于空边。岂不应遣乎。双亦似是双照,双非似是双遮。然实际仍大不同。以双照双遮之言,明其得中。而双亦双非之说,只知二边故也。若空有同时之义,是明空时即是有时,有时即见空时。空有圆融,既然非二,便是无边。边尚且无,更何从著。与亦有亦无,非有非无,义味天渊,何云无别!

尤有进者。众生若知得空有同时,可见空有俱不可说;若知得空有尚不可说,则何所用其分别哉!此佛说空有同时之微意也。盖既以除众生分别情见,且令离名言而自证耳。

故无论说有说无,说亦有无,说非有无,一切俱遣。以上是约对治义说。若约究竟义彻底说之。言遣则一切遣;言不遣则一切不遣。须知凡言遣者,因执故遣。若无所执,则无所遣。故空有同时亦不可执。执亦应遣。何以明其然耶?试观心经,先言色即是空,空即是色。以明空有同时,使人悟此得入般若正智也。而其下又曰:无智亦无得。此即开示空有同时,亦不应执之意。本经亦明明言之,如曰般若非般若是也。即如此科亦然。先言则生实相,成就功德矣。而此科又曰:实相则是非相,说名实相。亦因防人执著实相,故说非,说是假名,以遣之耳。实相,即是空有同时也。当知空有同时,何以不可执。因少有所执,便偏著于有边,而非空有同时矣。故应遣也。若闻吾此言,而于空有同时之义趣,绝不体会观照。则又偏著于空边,而非空有同时矣,亦应遣也。当如是领会,至要至要。

总之,情见若空,说空有同时也可,即说四句又何尝不可;若其未也,说四句固不可,即说空有同时,亦未见其可也。着眼着眼!

如上所说实相之第二义中有曰:此科是与前文若见诸相非相,则见如来,互相发明。由是言之,长老之深解义趣,亦可见矣。然而长老之所深解者,犹不止此。须知性之别名甚多。今不举他名,而独举实相一名以言之者,又是发明上来说法与非法皆不应取,说非法非非法,说则非是名等等之义趣也。上来世尊如此说者,皆是令不著于空有二边以圆融之。以著于二边,便非性而是相故。若取法相,即是著我。若取非法相,亦即是著我故。今长老乃于空有同时之实相,亦说则非是名,此正针对上来世尊所说,为之发明二义,以便令领会者。二义云何?(一)性本空有圆融。同时者,圆融之义。若著于二边,便与本性不相应故。(二)空有圆融,尚不应著。以少有所著,便非空有圆融故。何况二边,其不应著,更何待言。此独举实相为言之深意,亦即长老之所以深解义趣也。

又如上所说,此科非字,有离字意,是说修功。是与下科离一切诸相,则名诸佛相应。当知此约现前当来劝两科之文,实无处而不相应。以两科所说,本是互相发明者。此义至下当说。

(子)次,约当来劝。分二:(丑)初,庆今劝后;次,释显其故。(丑)初,又二:(寅)初,自庆;次,广劝。

(寅)初,自庆。

"世尊！我今得闻如是经典，信解受持，不足为难。

我今得闻如是经典信解受持，此一语，正是说明昔来所得慧眼，未曾得闻之所以然。何则，若知今之得闻而信解受持，便知昔之未曾得闻者，非他，以心中有一所得之慧眼，便于此深经自生障碍矣。纵令得闻，亦必不能信解受持，则闻如不闻矣。故曰所得慧眼未曾得闻也。此言正是说明其障碍，全在慧眼。慧眼何能生障？则全由于有一所得在耳！何以故？有一所得，便是法执。便是智慧浅短。则于此三空胜义，岂能相契！且有一所得，便是自觉已足，便是悲愿不宏。则于此舍己度他，且度无度相之妙行，更难相契。此其所以昔来未曾得闻也。今则窥见世尊一切无住而道眼开。为众请求说此深经而大心发，故得闻而信解受持也。

解者了解。受者领纳，亦即领会。故解之与受，其义相近。既言解，复言受者。受持二字乃是合说。盖受持合说，以明当解行并进也。又持字，复有执持不失之义。故信解受持一语，是明其不但能信能解，且能解行并进而不退也。不足为难，是说不十分难，非谓绝对不难。不十分难，此其所以自庆也。若绝对不难，不得云昔来慧眼未曾得闻，亦不致涕泪悲泣赞叹希有矣。

何以不足为难耶？盖有三义：（一）身值佛时也。耳提面命，获益自易。况以如来明摄受，见闻随喜，便得莫大之福，便生莫大之慧。初不必开示也。而生逢盛会，福慧夙根，一定深厚。如是因缘具足。所以佛每说法，现座证果者，不可数计。而生在佛前佛后者，为八难之一。长老躬为大弟子，故曰不足为难。此自庆之一也。（二）已证圣果也。如《大品》云："般若甚深，谁为能信。答曰：正见成就人，漏尽阿罗汉，能信。"今长老既证阿罗汉果，所以不足为难。此自庆之二也。（三）能解空义也。般若一部，皆明第一义空。而长老于十大弟子中，解空第一。是其根性最利，易于契入。故前八会，皆是长老为当机。今说甚深经典，亦是长老发起。故曰不足为难。此自庆之三也。

综观下文，亦具上说诸义。何以故？长老自言不足为难。正以显末世之十分为难，以其生不逢佛也。而自己庆幸处，亦即加意奖励后进处。意谓我今幸遇世尊，既证阿罗汉，又解空义，故得信解受持耳。以彼末世众生，既不遇佛，甚难得闻，甚难信解受持者，而竟得闻，竟能信解受持。彼真难能可贵，其根性必远胜我，菩萨种性，远胜罗汉。我今何足为奇，故曰不足为难也。数行之中,词意反覆勤恳,其鼓舞后进之心,拳拳极矣!

(寅)次,广劝。

"若当来世,后五百岁。其有众生,得闻是经,信解受持,是人则为第一希有。

来世,泛言佛后。后五百岁,则指佛入寂后,第五个五百岁,即末法之初。今则将满三千年,已在第六个五百岁之末矣。经中凡言后五百岁,亦不限定在第五,总以明其是末法时代而已。《楞严经》言,此时众生,斗诤坚固,入道甚难。斗诤者,已是人非,争强斗胜也。坚固者,一味斗诤,牢不可破也。试观中国自宋以来,宋初至今将千年,彼时正入末法之初。讲求道德学问者,门户之争,远过汉唐。于是有宋学排斥汉学之风,有儒家谤毁佛教之习。迨后所谓道学者流,又自起斗诤,如程朱与陆王两派,是也。总不外乎独树己帜,打倒他人。有因必有果,卒之反被他人打倒,遂有新学将旧学一齐推翻之事,连孔子亦受其累。殊不知孔子之真实义,自汉以来,学者并未梦见。即以佛门而论,入宋以后,亦染此风。各宗各派，斗诤甚烈。莫不己宗独是，别宗尽非。愈趋愈下，至于近今，竟有欲推翻《起信论》者矣。实可痛心！佛门尚且如此，道德学问中人，尚且如此，其他更何待言！所以奋斗二字，成为格言。殊不知古人曰努力，曰奋勉，曰自强。即佛教中亦曰勇猛，曰精进。此等言句，皆就己身说，有利无病。今曰奋斗，虽亦是自强，而含有排除其他意在。此盖斗诤习气愈深所致，世道所以愈苦也。

斗诤云何起？起于执著。执著由分别，分别由我见。而佛法专治此病。今世尊与长老，皆特特就末法时代鼓励。可知今日欲补救人心，挽回世运，惟有弘扬佛法，以其正是对症良方故也。然而正以对病之故，恰与人情相反。以斗诤坚固之人，其障深业重，内因不具可知。加以去圣时遥，善知识少，则外缘亦复不足。因缘两缺，于此深经，不但受持难，信解难，即得闻亦已甚难。非竟无闻法之机会也，其如不愿闻何！然则倘有无此三难者，非久植善根，定为佛遣可知。故曰则为第一希有。明其若非菩萨示现，即是具有菩萨种性之人也。

则为者，便是之意，意中含有成就在。或曰：菩萨示现无论已。其具菩萨种性者，何便成就？当知经中先言得闻，又言信解受持，是明其三慧具足也。岂不能成就耶。闻是闻慧，信解是思慧，受持是修慧。盖居末世而得闻深经，实非易事，必其夙有般若种子。所谓不于一佛二佛三四五佛而种善根者，具有如是胜因，方能得遇胜缘也。故得闻便能生信开解。间或亦有虽得闻而别遇障缘，信心遽难发足，解亦未能大开者，只要遵依佛敕，持戒修福，必能信解受持。盖持戒是断绝染缘，此自利之基也；修福是发展性德，性中本具无量净功德故。亦利他之功也。如是背尘合觉，绝染缘为背尘，展性德为合觉。自他两利，必蒙诸佛摄受。自于此经能生信心，以此为实。以此为实者，谓解真实义也。既信且解，自亦如法受持矣。如是三慧齐修，何患其不成就乎。又观是人便是第一希有之言，意中含有不可自暴自弃在。此长老谆谆劝勉之意也。此句与上文当知是人成就第一希有功德，及下文则名诸佛句，正相呼应。

（丑）次，释显其故。分三：（寅）初，正显不著有；次，转显不著空；三，结显名诸佛。

（寅）初，正显不著有。

"何以故？此人无我相、人相、众生相、寿者相。

上言是人便是第一希有。何以便得如是？此下三科，正释明其所以然也。流通本每相皆加一无字,唐人写经,即以无我相一直贯下,故下三无字可省也。

何以故者,假设问曰:何故谓此人便是第一希有耶。答曰:以此人,我人众寿四相皆无故。既已皆无,是不著有也。观文相表面,似但说其空人我相,亦似但明其不著有。然观下文之转显,则此人不但空人我,且并空法我。不但不著有,且不著空。然标科但曰不著有者,顺文相故。以不著空意,非得下科之转显,不知也。

当知此经专明实相。实相者,绝对无外,本非一切相。所谓我法俱遣,空有不著是也。我法俱遣者,谓人我法我等四相,一切遣尽。空有不著者,我法等相不著,是不著有也,亦名我空法空。非法相亦不著,是不著空也,亦名空空。并我法二空言,谓之三空。末世众生,必其具有般若根性,我法等执较薄,方能于浊恶世中,得闻此法。方能超出常流,信解受持也。既能信解受持,则我法空有之执自遣。此其所以便是第一希有菩萨之故也。故上言则为二字中,含有成就意在者,因此。

(寅)次,转显不著空。

"所以者何？我相即是非相，人相、众生相、寿者相，即是非相。

所以者何？自问上文无字之所以然也。我相下，自答自释。意谓适所言无，非对有说无也。乃绝对之无。所谓四句皆无，亦即一空到底。何以言之？因此人非是见得我人众寿实有而能无之也，尤非灭却我人众寿而后无之也，乃能见到我本缘生幻有，当其现幻相时，即是非有，故曰我相即是非相。此句明其非于我相外，别取空也。其人相、众生相、寿者相即是非相，理亦如是。《大论》云："众生所著，若有一毫末可有，则不可离；以所著处，无如毛发许有，故可离也。"此意是说一切皆是幻相，本无毫末许是真实有者。正明其有，即是空也，所以可离。譬如翳眼见空花，花处即是空处。何必灭花而别取空，翳净则花自无。此亦如是。

约性而言，若解得一真法界，则本无差别，本来常恒，那有我人众寿诸相；约相而言，若解得五蕴本空，则知当其现我相时，便是空时，故我相即是非相也。而人相及一切众生之相，亦莫非五蕴假合，本来皆空。故人相众生相，亦即是非相。所谓寿者相者,因其相续未断,故成此相。其实既曰相续,可见是念念迁流,刹那生灭,非寿者相即是非相乎。此人信解受持而能如是,便具三空之慧矣,亦复四句俱离矣。何则?若未能洞彻我人众寿本是幻相,非有现有者,虽能不著,乃是勉强抑制。亦即对有之无。见地既未真,不但用功费力,而根株犹在,断靠不住。且纵能抑制不懈,亦是法执。如《楞严》所云:纵令内守幽闲,亦是法尘分别影事,是也。其病在一守字,有所守,便有所执矣。何故如是,见未彻底故。今此人既彻见我人等相即是非相,是能洞明一切相有即非有也。有即非有,故见如不见。虽万象纷纭,而胸次泰然。则不待抑制而彼自无,何所用其守哉。无所守,则无所执,是无法相也。且不但法空而已,我相即是非相,可见其非于相外而别取空,是亦无非法相也。岂非并空亦空乎。人空、法空、空空,是为慧彻三空。故此科标题曰不著空也。此人真是大根器,以其能一空到底,不是枝枝节节用功的。

前又谓之四句俱离者,何谓也?如上科不著有,此科不著空,是明离有离无也。而曰我人四相即是非相。既曰即是,可见此人并非将有无看成亦有亦无,非有非无,隔别不融。乃是见到有即是无。则其智慧已彻,空有同时,岂非四句俱离乎。自性清净心，本离四句，无相不相，绝待圆融。此人今既超乎四句，不空而空，空而不空，圆融无碍，便是契入实相性体矣。故曰则为第一希有之菩萨也。下科正结显此义。

（寅）三，结显名诸佛。

"何以故？离一切诸相，则名诸佛。"

何以故者，问我人四相即是非相，何故称为第一希有耶？离一切诸相两句，释明其故也。诸相即是我人众寿。相不止一，故曰诸也。而又曰一切者，因不但由身见而起我人等四相已也。前云：若取法相，若取非法相，即著我人众生寿者。可见凡有所取，便成四相，故曰一切也。若约四句说之，或执有，或执无，或执亦有无，或执非有无。执则便有能执所执，能所便是对待，对待便成彼我之相；执既不一，便成众生相；执情不断，便成寿者相。故曰一切诸相也。实相之性，本是相不相俱离。故若能离一切诸相，便证法身，故曰则名诸佛。

诸佛有二义：（一）十方三世诸佛也；（二）初住以上，极果以前,名分证觉,亦名分证佛。以能分证法身故。初住至究竟觉共四十二位,故名诸佛。约初义言,意谓十方三世诸佛,皆因离一切诸相而得佛名。此人已绝四句,彻三空,是离一切诸相矣。虽未遽至究竟佛位,而成菩萨无疑。故但曰第一希有,不曰最上第一希有。约次义言,自分证位初住菩萨以上,以至究竟觉,皆须离一切诸相以证法身。此人能离一切诸相,是已证得法身矣。虽未知其所证深浅,至少亦是初住菩萨而为分证佛。亦即是信心清净则生实相,成就第一希有功德。故曰则为第一希有也。

此中所说我相即是非相云云,便是空有不二,性相圆融。亦即是上来世尊所说诸义之总汇。何以故?以离一切诸相,则名诸佛。正与《生信文》中所云:若见诸相非相,则见如来。遥遥相应。故足证此人能离一切诸相,已见得如来性体,岂非第一希有。长老所陈见地,确与世尊心心相印,此之谓深解义趣。故下文世尊即印定之。

前云:此约当来劝三科,与上约现前劝两科,其义互相发明者。试观前文但说一信字,此中则云信解受持。正以发明前虽但说信,已摄有解与受持意在。因信是道源功德之母故。说一信字,便贯到底也。此中言无一切相,又是发明前文信心清净之所以然也。而相即非相，二边不著，空有圆融，正是实相之真诠。此中言则为第一希有，则名诸佛，亦即前文成就第一希有功德之意也。此中言离，上则言非，正相呼应。以相不相俱非，故应离也。前云生实相，又云如来说名实相，此中则云则名诸佛，意亦一贯。盖现一分如来实相，为分证佛。圆满显现，为究竟佛。而前后皆曰名者，又明所谓实相也，诸佛也，皆是假名，即皆不可执。故应一切非，一切离耳。由是观之，前后只是一义。故说前文时，应摄后义说之。说后文时，亦应摄前义说之。而一约现前言，一约当来言，互相彰显，此又说法之善巧处。如斯体例，经中常常遇之。

（壬）次，如来印阐。分三：（癸）初，印可；次，阐义；三，结成。

（癸）初，印可。

佛告须菩提："如是，如是。若复有人，得闻是经，不惊不怖不畏，当知是人，甚为希有。

印者，印可长老之说；阐者，就长老所说，更为阐明上来未尽之义也。

凡标佛告须菩提句,郑重之意。因下文多补前义所未发,故结经者特标此句,令注意也。如是如是重言之者,印其言之极当。若分配说,即谓上来赞庆、广劝,两皆不谬。长老前云:若复有人句,原未指明何时。但以对次科之劝当来而言故判为约现前劝。今世尊亦但云若复有人,亦未克指何时。然于下文结成时,却归到当来。可知此语,乃是通指现前乃至未来而言也。

惊者,乍然愕怪;怖者,惶惑不安;畏者,怯退自阻。"天亲论"曰:"惊,谓惧此经典非正道行故。怖,谓不能断疑故;畏,谓由于惊怖,不肯修学故。""智者疏"曰:"初闻经不惊。次思义不怖。后修行不畏。"合"论"、"疏"观之,则不惊即是信。以初闻经时,不惧其为非正道而惊,是能信也。不怖即是解。以次而思义,毫无疑惑而生怖,是能解也。不畏即是受持。以不畏而自阻,则肯修学,是能受持也。而变其词者,盖有深意。诚以著有之凡夫闻说相皆虚妄,法执之二乘闻说法不应取,一类偏空之辈闻说非法亦不应取,必致惊怖,怕谈般若。信解尚无,遑论受持。则何能同登觉路,不阻化城乎。故一一道破其不能信解受持之故。令一切闻者当知法本无定,佛不欺人。何必惊怖疑畏,庶几得有信解受持之望耳。故下文第一波罗蜜云云，正明法无定相；五语云云，正明佛不欺人。可见今说不惊不怖不畏者，正为说下文张本。而说下文之用意，又正为断众生之惊怖疑畏。前后语意，紧相呼应也。

希有而曰甚，亦即第一希有之意。观若复以下语气，亦是印可长老所说者。上言如是如是，已经印定。而复说此数语者，无他，意在说出众生不能信解受持者之病根，以劝勉之耳。

（癸）次，阐义。分二：（子）初，阐明观行离相义；次，阐明说法真实义；（子）初，又二：（丑）初，约般若明；次，约余度明。

（丑）初，约般若明。

"何以故？须菩提！如来说第一波罗蜜，非第一波罗蜜，是名第一波罗蜜。

何以故句，统贯下文忍辱一科。第一波罗蜜，第一二字，指般若言。如来说者，表其是约性而说也。约性而说，故曰第一非第一。因性体空寂，那有此第一波罗蜜之相，故曰非也。曰非者，明其性本非相，故不应著相也。即复约性而说，故曰是名第一波罗蜜。因性体虽无相，而亦无不相。一切相皆缘性起,此第一波罗蜜亦是缘性而起者,不无第一之名相也,故曰是名。曰是名者,明其相不离性,仍应会归于性也。

如此说法,是此科经文之本义。谓之本义者,因本经中凡曰非曰是名,皆是发明此义。此乃根本义,为学人所不可不明者也。然而此科之义,深极要极。若但说此本义,便非佛旨。因此科以下皆是阐义。谓之阐义者,即是于本义之外更有所推阐而发明之义在也。其义云何?试思开口即曰何以故?此三字,是承上文不惊不怖不畏,当知是人甚为希有而来。可知第一波罗蜜三句,正是说明不惊乃至希有之故者。若只说本义,而不将此中所以然之理发挥明白,则何以故三字,及上文不惊云云,皆无著落。上曰当知,此正学人所当知,万不可不深解其故者。不但此也。上文不说信解受持,而变其词曰不惊不怖不畏者,以末世众生有怕谈般若,不能信解受持之病故也。此中不说般若波罗蜜,而变其词曰第一波罗蜜者,乃藉以阐发般若之精理,俾一切众生得以明了。庶可恍然般若是不必怕,不能怕的。然后方算得是学无上菩提法之人,方有转凡成圣之希望故也。何以故?前不云乎,一切诸佛及诸佛阿耨多罗三藐三菩提法皆从此经出,即是明白开示般若万不可不信解受持,且当从此入门。若不入此经之门,便是自与阿耨多罗三藐三菩提法隔绝。亦复自与一切诸佛隔绝矣。何以故?诸佛及无上法,既皆从此经出。则欲学无上法,欲转凡成圣者,若不从此经入,岂非自绝其路乎。岂是怕得的。所以若但说本义,但说前一层之义,而不将如是之深义,彻底发挥,则世尊变词而说之深旨,便尔埋没矣!上文曰当知,此尤学人所当知,万不能不深解其故者也。如上种种道理,皆包含在此三句经文之内,其义之异常精深可想矣。而其义之关系重要,亦可知矣。

欲说明之,必须巧设方便。使之言少而义明。须知般若义趣,千古隐晦。今欲除其怕病,便不能不揭穿其致怕之由。有时不能不涉及古人,亦不能为贤者讳矣。盖不将隐晦之义趣彻底说明,则惊疑怖畏之病根仍在,便仍不能信解,不肯受持,岂不孤负佛恩乎!深望诸君静心谛听。若不将此中义趣彻底明了,亦未免孤负佛恩也。

道理既如是精深,虽今欲言少义明,然几句话亦万说不明,一口气亦万听不明。我今先就第一二字,发挥一个大概,让听众心中先有一个底子。然后再步步深入,此亦方便之意也。

般若波罗蜜称为第一波罗蜜者，因般若为诸度之母故也。般若为母，则诸度为子。子不能离母。故修诸度行者，若缺般若行，约因则不能破惑，约果则难证法身。当知诸度皆称波罗蜜者，正因其有般若在内。若无般若，不能称波罗蜜也。何以故？不能破惑，便不能证法身，而到彼岸故。所以般若有第一波罗蜜之名者因此。由是观之，既是诸度不能离般若，则般若亦非离诸度而别有存在，可知。故第二句曰：非第一波罗蜜。此一非字，是明不可执般若为别有其相也。然而虽不别有，非无第一之名。故第三句又曰：是名第一波罗蜜。此是名二字，是明诸度离般若不为波罗蜜，则般若不无领袖之假名也。以上是说明般若名为第一之所以然，并说明约第一说非，说是名之所以然。此义须记牢，乃破人惊疑怖畏之根据也。此下便当说之。

上文长老以我人四相即是非相，明是人之空有圆融，以释成其所以为第一希有。世尊既已印许之矣。然世尊每说一法，非为一事，非为一人。遂因是人之希有而鉴及一切众生所以有我相者，无他，取法故也。故于印许之后，复约六度等法阐明其义，以开示一切有分别法执之众生。先说般若者,正以众生怕般若故也。众生何以怕?以有分别法执,不达般若之真实义故也,所以为之阐明者。因此,盖众生骤闻般若是第一义空,以为高而难行,故惊;又不明第一义空之所以然,故怖;觉得与其学般若,不如学他种圆经圆法之妥,故畏。总由佛理未能贯通,误生分别法执耳。此真自失善利,深可怜悯。故世尊说明是人甚为希有之故曰:我何以谓是人甚为希有耶。以此般若法门,众生惊疑怖畏,而是人独否故也。

夫此法诚高,何怪其惊畏。然而此法甚要,又何可自阻。我今将诸波罗蜜中称为第一之般若,更为大众阐明真实义,俾得了然。我说般若者,为令众生到彼岸耳。不到彼岸,便沉苦海。而非般若,又不能到彼岸。可见此法极为重要,断不可疑畏自阻,必须信解受持矣。何谓彼岸?诸法实相是也。当知实相者,无相也。故般若虽称第一而非第一。何以故?第一本无相故。因其本无定相,故说为非也。说为非者,是令众生明了佛所说法,无有一法能离般若,则般若非可于诸度外而独矜第一也。又当知实相者,亦无不相也。故般若虽非第一,而是名第一。何以故?第一不无假名故。因其不无假有之名相,故曰是名也。说是名者,是令众生明了既法法不离般若,是法法可名第一。则般若之称第一,乃是假名也。

我今将般若精义,如是阐明。则一切众生,当可由此悟得。凡我说非,固是令人空相。而又说是名,以显其不无假有之名相。然则所谓空相者,是令空其著相之病,并非坏其相也,大可恍然矣。不坏其相,是并偏执之空亦空之矣。此之谓第一义空。若能通达此义,则知因相是假名,故不可著,非谓无相;因法无有定,故不可执,非谓无法。然则此法虽空,岂同豁达顽空。此法虽高,亦非无下手处。尚复何惊何怖何畏之有!今则是人既能信解受持,便是不惊不怖不畏,便是通达第一义空。正所谓于第一义,心不惊动者。非甚为希有乎。以上所说,不但说上文不惊乃至希有之所以然,并将一切众生不必惊畏,不可惊畏之道理,亦一并彻底说明之矣。庶几此科义趣,圆满显出。

然而尚有要义,不能不说。其义云何?即前所云千古隐晦者是也。当知怕般若之病,深矣久矣。若不一一揭穿其故,何能除千古来先入为主之病。尤当详说般若义趣,极其圆融,与所谓中道第一义,无二无别,毫无可怕之处。庶几不致自失善利。此虽推广而言,然仍是本科经旨。意在破其分别法执，以除怕谈般若之病根耳。

经言二乘怖空，即谓怖般若之第一义空也。可见佛时已然，不但后世矣。然佛时只是二乘生怖，大乘尚无此病。迨后玄奘西渡，得遇彼土相宗诸师，乃将性宗之空与相宗之有对举。第一义空，是绝对空。何能与有对举。此点既误，故谓相宗方是了义。所谓三时判教是也。是彼时印土大乘中人，已未能深解义趣，误认般若为偏空矣。至于我隋唐时之判教者，亦从不列般若于圆教，未尝不知是第一义空。然终以为专说空，不如中道第一义之圆融。古人如此而判者，意在推崇其所宗，不无故示抑扬。然而抑扬太过，未免取著文字相。后人因是古人所判，更加执著，更加望而生畏。故从来无人肯学般若，肯谈般若者，真可悲也，真可惜也。

禅宗虽宗般若。然只宗其遗荡意味以用功，而不谈教义。所以般若义趣，千古不彰。陈隋时虽有三论宗，然是宗论而非宗经。"三论"所明，固是般若。而三论家既专在论的文字上研求，遂于经中义趣，不免隔膜。何以故？未曾直接观照故。质言之，仍是不免取著"三论"之文字相耳。所以三论家发挥论义甚精，而经旨却弗曾搔着痒处者，因此。当知般若既为诸度之母。本经且明明云诸佛及无上正等觉法皆从此经出，然则若于般若义趣未明，虽读其他圆融经论，既未在根本义上用功，其见地何能彻底！见若未彻，又何能圆！今世尊就第一波罗蜜之名而阐其义，使知般若义趣，是空而不空，不空而空，极其圆融。以免众生惊怖疑畏，坐失法宝，难到彼岸。无异预知后人怕怖之病根所在，而悬示之者，真大慈大悲也。

上来鄙人每说则非是名，多约二边不著说，亦即是约圆融中道说。此次则兼约第一义空说，亦即是约遣荡说。如此说之，实具苦心。苦心云何？使知中道之与遣荡，语虽不同，义实无别也。何以言之？名为第一义空者，因其一空到底故也。一空到底者，有亦空，空亦空也。换言之，便是有亦遣，空亦遣。遣有，所谓不著有也；遣空，非所谓不著空乎。然则遣荡之第一义空，与二边不著之圆融中道，请问又有何别？由是言之，判教者之说，不可执为定论也，可以了然明白矣。而怕谈般若者，亦大可以翻然悔悟矣。且由是言之，凡判某经为纯圆，某经为非纯圆诸说，亦未可执为定相。何以故？既法法皆般若，则法法皆圆。所谓圆人说法，无法不圆。何必苦苦分别。

前言遣荡之与圆融中道，无二无别。凡误认为有别者，无他。由其看呆中道故也。我今更约中道发挥其义，俾得彻底明了。则分别之执，庶几无自而生乎。

一切法既皆假名，则中道亦是假名。以假名故，则亦无有定相，则亦不可著。著则亦落四相，尚得谓之圆融中道乎哉？当知中之一言，是因二边相形而有者也。若离二边，中无觅处。所以中无定相。相既无定，岂可看呆。看呆便成法执矣。更当知中之所以无定相者，因二边亦是假名，亦是相形而有，亦本无定相故也。二边既不可著，哪得有中可著耶。故真解中义者，无往非中，即空假而皆中也。

譬如就空言之。空则不著有矣，并空亦空，便是不著空，所以一空到底，便归中道。如上所明是也。以是之故，般若与《华严》、《法华》，其义趣所以无别。不但此也，一假到底，亦复如是。譬如知一切法不无假名，是不著空矣。即复能知其名是假，岂非不著有乎，则亦宛然中道矣。所以密宗、净土，皆从有门入道，而皆是圆顿大法者，因此。即以相宗言，亦本是大乘圆义。他不具论，观其发明遍计、依他、圆成三性之理，何等圆妙。无奈学之者，不向此等处观照用功，专在琐琐名相上剖析。愈剖析，愈分别，遂愈执著。于是大者小，圆者偏矣，可谓不善学者矣。不知用以去凡情，反因而增长凡情,岂佛说法相之本旨哉!其修学密、净之人,若不明自他不二,心土不二之义趣,则令大者变小,圆者变偏也,亦然。由此可知佛所说法,本来法法皆圆,其有见以为非圆者,实由众生偏见,非关于法。故学佛者,首须大开圆解,观照无往非中之理,以修一切法,则法法皆圆矣;皆中道第一义矣;皆第一波罗蜜矣;即皆得证实相到彼岸矣,此之谓圆中,学人所万不可不知者。

顷言大开圆解四字,极当注意。凡我所说无往非中云云,不过可为闻者之一助耳。必当时时以此圆义,于自心上,于一切法上,微密观照,精进用功,以去其偏执之凡情,然后自己之圆解,庶几可开。若非然者,则所谓圆解,仍是他人的,而非自己的。虽知无往非中,而对于一切法,必仍然触途成滞,不能无往非中矣。此层极关紧要,千万勿忽。不但此一义然,所说诸义,莫不皆然。总之,闻、思、修,缺一不可。

又当知本经之说则非,说是名,是明性之与相,非一非异。虽圆融而行布,虽行布而圆融也。行布者,如是如是之意,即是一而二。圆融,则二而一矣。上来说遣荡即中道,明其与法华义趣同,今则明其与华严义趣同也。何以故?凡言则非是约性说。约性而说,则不应著相,故非之。应不著相而非之者,是明性相非一也。凡言是名，是约相说。约相而说，则不应坏相，故是之。应不坏相而是之者，是明性相非异也。何以故？性是体，相是用，迥然各别，故非一。所谓行布是也。然而用从体生，离体无用，由此可知相乃性之作用耳。明得此理而不著，则见相便是见性，故非异。所谓圆融是也。然则性相既然非一非异，则是一而二，二而一矣。一而二，故既应不坏，又应不著，因其虽非异而已非一，故须于圆融中见行布，又须于行布中得圆融也。二而一，故虽炽然现相，而依然会归于性，因其虽非一而实非异，当令圆融而不碍行布，行布而不碍圆融也。我今如是发挥，则与《华严》义趣，亦宛然无别。宗《华严》者，可以不必怕矣。如前来所说遣荡与中道无二，若明其义，则宗《法华》者，亦可以不必怕矣。

本经中如云：若见诸相非相则见如来，应生清净心，应无所住而生其心，以及实相二字，并此中我相即是非相等等，皆可以此义说之。即如开经时，说种种众生，说无余涅槃，亦圆融之行布也。而又说实无众生得灭度者，则行布而圆融矣。兹不过姑约则非是名以发挥之，使宗《华严》者不必歧视耳。如执定只有则非是名可明此义，则又非也。总之，得其要而会其通，则无说而不可。即此可悟法无定相矣。

更有极要之义，必须一说者。既是遣荡法门与圆融法门无二无别，何以前云必须从此经入耶？当知此二法门理虽无别，而用功则大有利钝。所以当从此经入者，以一切凡夫无不偏执病深，必得极力遣荡，而后乃能圆融也。否则偏执之凡情未去分毫，便观圆融经论，何能领会，哪得受用。至多不过学得一二教相，作为清谈之助而已。

试观自唐以来，禅宗以外诸大德，其道德见地，最令后人钦服者，考其得力所在，几无一非经过禅门锻炼者。正以禅门用功，是宗般若空之又空，极力遣荡学人之偏执故也。故吾常谓自唐以后，中国佛法端赖禅宗者，因此。由是可知遣荡功夫之要矣。亦即般若三空之义趣不可不明矣。但遣荡时，应深观圆观经中圆融义谛。不然，便不知何者为偏？何者为执？何者应遣？甚或自以为是遣，其实反增偏执。此禅门所以虽不谈教义，而必须有严明师友，时时为之痛下钳锤也。所谓痛下钳锤者，即是遣之又遣。所谓百尺竿头还须更进一步是也。

今既未逢严明师友，只有自观自照，精密体会经中之明二边不取，性相圆融。或说一空到底，乃至愈说愈深，如后半部之诸法一如，一切皆是，无圣无凡，本来无生等等。学人当审量自己程度之所堪,由浅而深,或拈一句,或合数句,以之观照自心。倘自己习气,以及起心动念,于经中意旨,少有未合,便是偏著。便即自棒自喝,遣而去之。此用功最妙之方,实不慧经验之谈,敢为诸君告。

其他圆融经教,如喜研究,无妨并观,然宜以般若为主。何以故?《华严》、《法华》等是表诠。表诠者,用彰显圆融之语,以明性体是也。故其辞句义味,一一皆趋圆融。即说遣荡之法,亦寓在圆融之中。故必已有遣荡功夫之人,即是执见已薄之人,方能彻底领会。不然,便只知其是说圆融,而不知其是说遣荡。所以从此入手者,往往学之多年,而偏执之病依然。虽或依据教相,说得圆融。而于本分上并无交涉。况执情未化,其所说者,不过表面文章,有时看似精深,而细按之,不清不醒。或以为但是某经如此,其他则否,仍未见其真能圆融也。而般若则是遮诠。遮诠者,用遣荡偏执之语,以明性体是也。故其辞句义味,一一皆趋遣荡。虽说圆融之理,亦寓在遣荡之内。所以怕谈般若者因此,所以不将般若列入圆教者亦因此,由其但看文字之一面故也。即此一点,便可证明,未在般若中用功,虽学其他圆经,其见地仍是隔别,而未能圆融矣。

以上所说,般若与他种圆经立言之不同,及学之者利钝所关之微细处,今为扶持正法计,为人人得受用计,故不辞反复详晰,为诸君缕缕言之。由是可知般若之妙矣,必当先学矣。何以故?执情遣荡得一分,性相便圆融得一分。遣荡至极处,亦即圆融至极处矣。慧彻三空,便是圆融中道,妙哉妙哉。足见般若不但是学佛的坦途,且是学佛的径路,若不从此门入,岂非不识途径。此所以学佛者多,得自在者少也。凡此所说,是一个字一滴血,皆从千辛万苦中得来者也,皆是抠出心肝以示人者也。而此阐义诸经文,是一个字一颗珠,透圆透圆,务当真切领会,不可忽略。

顷言中国自唐以后,佛法端赖禅宗,不可误会是劝人不念佛,去参禅也。盖我之赞叹禅宗处,乃赞叹般若处;是劝人学般若,非劝人参禅。要知参禅当审时机。机是机,时是时,非一事也。所谓机者,根机也。故先当问自己能受棒喝否?根器利钝,关系尚小。非具有敢死队精神,毋庸谈此。又机者机缘也。故又当问遇有良师否?参禅不能离师,师不但要明,且要辣,更要有杀活手段。三者不备,便非良师。若其根机机缘两皆具足,参禅甚好。苟缺其一,而言参禅,未见其益,或反有害。此亦我之实验谈也。所谓时者,如南北朝时,北魏南梁,无不大弘佛法,讲席极盛,然不无取著文字相。故达摩东来,乃不立文字,直指本心,正对时病。今则大都未明佛理,正当广劝读经,药其空疏。不立文字,今犹非宜也。故不如发起大悲大愿,修福持戒,一心念佛,亲近释迦、弥陀两位大善知识。一面依我前说,以此经义理,观照自心,遣其凡情。一面恳切持名,求与众生同生净土,满菩提愿。现世修行,无逾此法。此是不慧近二十年勉力奉行者,敬以供养诸善知识。又我自开讲以来,所说修行方法多矣。不可执著谁是最好,宜择其所善者行之。或一一试行,行之觉有效益者,便是对机之最好者,此亦用功之窍要也。并为诸君告。

上来所说怕谈般若之重大原因,是由其既未明了经义,又有先入为主之言,遂致愈加怖畏,愈不修学。然此外尚有一重大原因,亦不可不知者,则以妄谈般若者之多故也。妄谈之病,古即有之,于今尤烈。此辈虽曾学佛,而夙业甚重,佛法又不明。忽若发狂,大破其戒,不敬三宝,纵意行恶。实行其贪嗔痴,自以为戒定慧。且曰此般若之不著相也。于是怕者引为口实,更相戒不敢道般若一字,几有谈虎色变之势矣。嗟乎,因噎废食,何计之左耶。须知既有妄谈之怪状,更应发心修学,发心宣扬,然后般若之真义,方得大明。真实义明，妄谈之怪状，何自而生？不知出此，一味深闭固拒，其病状虽与妄谈者异，而病根则同，盖皆误认为偏空者也。以因果论，妄谈之罪诚重，然除魔眷外，人皆能知而远之。而怕谈者，人且奉以为准绳，并不知其错谬。坐令超胜一切法而为佛法命脉所关之般若，无人过问。其误法误人之恶因，恐其所招之恶果，未必能轻几许也。

我世尊洞知一切众生之病，故前言持戒修福者，能生信心，以此为实，是对妄谈者痛下针砭也；而今此数科，则又为怕谈者痛下针砭。观前面所言，是屏妄谈者于门外也。何以故？信为入道之门。既是持戒修福，方为入门；则妄谈者破戒造罪，其挥诸门外也决矣。观此数科所言，又是警告怕谈者决不能转凡成圣也。何以故？不惊不怖不畏，方许其为希有，则怕谈者之仍为凡愚也明矣。而前云以此为实，此中又为阐义。则是明明开示，欲除免妄谈怕谈之病，唯有信解受持，务求明了经中之真实义耳。又怕者有恒言曰：我岂不知般若之应学哉。诚以末世众生，障深业重，未易几及。不如不谈，免增罪过。此又误矣！世尊不明明曰：如来灭后，后五百岁，有持戒修福者，能生信心以此为实，乃至得无量福德乎。故谓末世希有则可，竟以为绝无其人，且相戒塞路，不但轻视众生,且显违佛旨矣!世尊戒长老莫作是说,无异戒怕者莫作是说也。以及此数科中,佛与长老皆特特向后世鼓舞劝导,是皆悬知怕者之过虑而开示之者,真亲切有味也。

又此中举第一波罗蜜之名为言,及说非与是名,更有一义,不可不明。盖以般若一名,容易误会,是专就般若一度而言。而第一之名,本是显其贯彻余五度而立者。就此明义,则不可执著,易得明了也。且曰第一非第一,则诸度总一般若,非离诸度而别有般若之义更明。其曰是名者,既诸度莫非般若,则第一之称,岂般若所得专有。既非专有,故虽是而为假名,此明其不可执有也;而因般若之第一,遂令度度皆成第一,故虽为假名而甚是,此明其不可执无也。总以明般若与诸度不能相离而已。故此科既约般若阐义,下科复约他度阐义也。说法之善巧也如是如是!明义之周密也如是如是!

此科经文中要义,今再撮其最要者,归纳为数句,以便记忆。曰:此科最要之义,是治怕般若者之病也。其病有二:一是怕空,二是怕高。今阐明般若非离余五度而别有,而余度皆是行门,可见般若虽明空义,而空义不能离实行,则般若之绝非偏空明矣,复何必怕哉!又阐明余度离般若,不为波罗蜜。质言之,即不能到彼岸。可见般若诚高,然而非学不可,则般若之关系重要明矣,又岂可怕哉!警策之至,谨记勿忘。

(丑)次,约余度明。分二:(寅)初,正明;次,引证。

(寅)初,正明。

"须菩提!忍辱波罗蜜,如来说非忍辱波罗蜜。

余度者,除般若外,其余之布施、持戒、忍辱、精进、禅定五度也。法法皆应离相,则法法不能离般若。今于余五度中,独举忍辱为言者,以忍辱最难离相,其不能离般若,更易领会。故特举此度阐明其义,以概其他。故标科不标忍辱而标余度,正以佛之说此,意在令众生举一隅而以三隅反也。如是标判,乃遵佛所说,依义不依文也。

上约般若明,是从正面阐明离相之真实义。盖人但知般若是谈空离相,著相者因而生怖。今阐明并般若之相亦当离,则是并空亦离也。且般若即在余五度之内,不能独存,而余五度皆是实行之法,则所谓离相者,乃是法相、非法相一齐离也。若明此义,则尽可放胆修学般若矣,何必怕哉。

此约忍辱明,是从反面阐明不可不离相之真实义。观下文所说，若行忍辱法，而不离忍辱相，便生嗔恨。嗔恨正与忍辱相反。是阐明行忍辱法者，若不学般若，便不知离忍辱法相。不离法相，则嗔恨生。嗔恨一生，则忍辱之功行破矣，便成非法相矣。从此可悟所以必令离法相者，正是令离非法相耳。妙极妙极。若明此义，则定要用心修学般若矣，不能怕矣！如此阐发，般若之精义，彻底呈露。则般若断断不可不学，更可恍然矣。

此阐义数科经文，将般若之理，及应学般若之理，阐发得精极、圆极、透极，亦复细极，务宜静心领会。领会得一分，便得一分受用。且此数科，正上来所说诸义之结晶。此处之义，若能洞明。则上来诸义，便一一雪亮于胸中矣。

上科之后，接说此科，更有一意。意在以忍辱之不能离般若，证成上科般若非离余度别有之义也。盖余度既皆须有般若，可见般若是与余度共行之法，非别行之法也。总之，般若为诸度母，是诸度乃般若子。若无子则无母可名，若无母亦无子可名。母子实互相助成。故般若与余度，必须互相助成，岂可离乎。般若，空也；余度，有也。今说般若与余五度不能离者，是令学人体会，空、有本同时也，故不能离也。

空、有同时，所以当二边不著，会归中道也。尤有进者，以母子论,固应互相助成。然而子实从母而生,无母便无子。故互助之中,仍应以母为主。六度亦然,余五度无般若,不为波罗蜜。故余五波罗蜜,实从第一波罗蜜而生。故于互助之中,亦仍以般若为主也。以般若为主者,以空为主也。以空为主,所以虽不应坏有,仍不应著有也。所以虽会归中道,而中亦不著也。此佛菩萨所以以大空三昧为究竟,以无智无得为得阿耨多罗三藐三菩提也。盖必能如此,然后可以随形六道,现百千亿化身。虽一切法,炽然而生。而一心湛然,本无所生。此之谓大自在,此之谓大受用。能度一切苦厄者端赖乎此。此是般若究竟义,下半部正明此义。今乘便略露消息者,以示般若是佛法中的彻始彻终之义,非学此不能入门,且非学此不能究竟,奈何怕之耶!

且由此可知,若专谈二边不著,圆融中道,尚非佛法之究竟义也。何以故?非空之又空,必有所著。不著边,必著中,尚何圆融之有。况大空三昧中,并圆融二字亦不可得也。当知必不可得,乃得圆融也。何以故?不著圆融,乃得圆融。丝毫有相,便不圆而不融矣。然则般若之义,究竟如此,岂止入道之初门,奈何判为大乘始教乎?而般若贯通诸度,诸度离之,非波罗蜜。可见有一法离乎此者,便不能圆满。则是般若之义,圆满之极,超过一切法门,亦可知矣。奈何不许其纯圆而判为别兼圆乎?

上言六度互助,尤有要义,不可不知。盖般若者,理也,智也,所谓观门也;诸度者,事也,境也,所谓行门也。于说第一波罗蜜后,更说余度者,所以明理事从来不离,观、行要当并进,而境、智尤须双冥之义也。故据文似乎别起,考义实为一贯。本经文相,大都如是。所谓文不接而义接。若视为各不相涉,则大谬矣!

流通本有是名忍辱波罗蜜一句,此是明清间人所加,见乾嘉时孙氏刻本。其注语云:"古无此句,然据理应有。"殊不知此处但说非者,正为下文阐明忍辱若不离相,忍辱法门便破坏无存作张本。以显必不能离般若之义。若忽加一是名句,横梗其间,下文何以故句,如何接得上。故著此一句,上下文气,便一齐松懈。反将经中旨趣,一齐隐晦。而云据理应有,不解所据何理也,真无知妄作也。当知佛所说法,岂可滥自增减,胆何其大。即令流传有误,亦必须确有考证。且所考证者,更要义意实是完美精当,方可据以校正。岂可明知为古本所无,而任意加之乎。凡欲刻印经书作功德者,不可不知此理。若此人所作,不但无功德,其罪过甚大。因自凭私臆，擅改佛说，误法误人故也。此事可为千古炯戒，故不惮剀切言之。

梵语羼提，其义则为安忍，亦曰忍辱。安忍是总名，忍辱是别名。忍者，忍可，谓一心正受也。安者，安住，谓其心不动也。辱者，毁辱，即虐待之意。今先说总名之义，则别义自见。

人必能忍，而后其心安住不动。若为所动，便不成忍。故一言及忍，便含有安住不动之意在。学道人在在处处，时时刻刻，皆应心安不动。故无论行何事，遇何境，修何法，皆应一心正受。约出世法言，凡修一种法，而能正受安住，即名为忍。如修诸法本不生观，而得妄念不起，是其心已正受此法而安住不动矣，故名之曰无生法忍。亦名证无生，或悟无生。证字是形容其忍可，悟字是形容其心安理得也。约世间法言亦然。如曰富贵不能淫，威武不能屈，贫贱不能移。此即古人所谓坚忍。威武不屈，非谓顽强对抗。乃是身可杀，志不可夺之意。志不可夺，便是心安不动。此即所谓忍辱也。此与富贵不淫，贫贱不移，皆是表其心安于正，不为所动也。故曰坚忍。由是观之，可知安忍是统括一切之名。所谓无论行何事。遇何境，修何法，皆当正受安住是也。而忍辱则安忍中之一事耳。故曰安忍是总，忍辱是别。要知凡举忍辱为言，是意在以偏概全，以别明总。何以故？世间最难忍者，莫过无端受辱。此尚须忍，其他可知故。经论中，或用总名，或用别名，殊不一律。大约玄奘、义净两法师所译，皆曰安忍。他人译者，多用忍辱。每有人疑是两法，或议其优劣，实则总别虽若不同，而用以显明正受安住之义，则无不同。正不必于此等处分别优劣。兹乘便详释两名之义，以便贯通。

经文不曰忍辱，而曰忍辱波罗蜜，便是显示忍辱时能行般若。何以故？若无般若，不称波罗蜜故。而能行般若，便是能照性而离相，故曰如来说非忍辱波罗蜜也。何故应离相，下文正释其义。

（寅）次，引证。分二：（卯）初，引本劫事；次，引多生事。

（卯）初，引本劫事。

"何以故？须菩提！如我昔为歌利王割截身体。我于尔时，无我相、无人相、无众生相、无寿者相。何以故？我于往昔节节支解时，若有我相人相众生相寿者相，应生嗔恨。

何以故者，自己设问忍辱应离相之故也。引事实者，欲以证明忍辱必应离相也。歌利王事,即在本劫。本劫名为贤劫。以有千佛出世,一切贤圣甚多,故得此名。

劫字有两义:(一)谓极长时间,(二)谓劫难。今是初义。所谓本劫者,指大劫言。每一大劫,分为四中劫,名成住坏空。世界之有成住坏空,犹众生之有生老病死也。每一中劫,又分为二十小劫。每一小劫中,众生寿命极短之时,大多数只有十岁。此时众生恶极,生活苦极。养生之物,几皆不生。所生者皆害命之物。是皆恶业所感也。故此众生之数,亦复少极。经言彼时南赡部洲人数,共不过一万而已。苦极思善,渐渐回头,寿命亦渐渐增长。然增长甚不易,以其回头向善,并非猛晋,乃是渐渐趋向为善之途耳。大约经过百年,始增一岁。由是逐渐增长,至普通寿命有二十岁时,已经过千年之久矣。众生见为善之能得善报也。于是为善者日多。养生之物,亦渐繁殖,人数亦渐渐加多,每百年增一岁。每百年增一岁,增至普通寿命有八万四千岁时,增至极处矣。亦快乐至极处矣。乐极又复生悲,因善心渐减故。于是每百年减一岁。每百年减一岁,减至十岁,减至极处矣。又复回头向善而增,则入第二小劫矣。而其一增一减,仍复如是循环。劫劫皆如是照每百年增一岁,从十岁增至八万四千岁。又每百年减一岁,灭至十岁。依此推算,每一小劫之时间,为一千六百七十九万八千年。八十小劫为一大劫,则一大劫之时间,为十三万四千二百八十四万年。然骤视之,虽曰十三万万余年。其实成劫时,世界尚未完成。坏劫时,世界已渐渐坏,其时世上纵有众生,其苦可知。至空劫时,尚无此世界,安有众生。经言,世界逢坏劫时,佛以神力,移此世众生于他方世界中也。仅仅一个住劫,是完整之世界,然又除去减劫之一半。其寿命增长,众生安乐之时间,不过住劫中之增劫,一万六千七百九十八万余年耳。纵令高寿八万四千岁,终不免生老病死之苦。细思此世,有何可恋!故今乘便将此世状态详细一说,大众速速觉悟为妙。

我世尊降生在住劫中之第九减劫,其时寿命,普通为百岁至七八十岁。屈指至今,将三千年矣。故今时寿命,七十为最高,四十五十最普通,此报纸上所常见者也。照经上所说每百年减一岁计之,与事实实不相远,足征佛语非虚。间有过百岁者,稀少已极。此必有特别善因,方能致此。乃是例外。往后将更减矣,生活将更苦矣。故生当此际者,惟有劝导大众,同归佛法。果能有大多数人持戒修福,世界立见太平。能种善因,必得善果。虽在减劫,未尝不可获睹例外之盛。佛言一切唯心造。又言一切法莫非幻相。故寿命之或多或少,世事之或治或乱,虽有定数。实则定而不定,事在人为而已。更当普劝发大悲心,一心念佛,求生净土,得一个究竟。则世出世间,皆有一个办法矣。报佛恩在此,救一切苦在此,满菩提愿亦在此,愿与诸君共勉之。

昔者往昔,明其为夙世之事也。其时,世尊正现菩萨身,行菩萨道。为者,被也。歌利,梵语。经中或曰迦罗富,或曰迦陵伽,或曰羯利,皆是此人。译义则为恶王,犹中国之称昏君也。歌利时为南天竺富单那城之王,为人暴虐,好行惨毒之事,故得此恶名。彼时菩萨为众生故,在山坐禅。一日,王率采女,野外游览,倦而少憩。诸女采花,因至坐禅之所。菩萨为欲断彼贪欲,而为说法。王忽仗剑寻至,怒责曰:何将幻术,诱我诸女。菩萨曰:我持净戒,久无染心。王曰:汝得阿罗汉果耶。曰:不得。曰:汝得不还果耶。曰:不得。曰:汝今年少,既未得果,则具有贪欲,云何观我女人。答曰:虽未断贪欲结,然心实无贪。曰:仙人服气食果者,见色尚贪,况汝盛年。答曰:见色不贪。不由服气食果,皆由系念无常不净。曰:轻他诽谤,云何得名持戒。答曰:有妒为谤,无妒非谤。王曰:云何名戒。曰:忍名为戒。由此可知,非一心安住于戒，不名持戒矣。王即以剑断其手足耳鼻，曰：忍否。答曰：假使大王分我残质，犹如微尘，我终能忍，不起嗔念。群臣争谏，王怒不息。时四天王雨金刚砂。王见恐怖，长跪忏谢。菩萨发愿：若我实无嗔念，令我此身平复如故。作是誓已，身即还复。更发愿言：我于来世先度大王。是故我今成佛，先度憍陈如，盖此王乃憍陈如之前身也。此事见《大涅槃经》、《毗婆沙论》，而详略不同，今会而引之。本经所云割截身体，正指剑断耳鼻手足言也。

前言若取法相，即著我人众生寿者。则今言无我相云云，即是显其不著忍辱法相也。不曰无忍辱相，而曰无我人等相者。因无我人等相，方能不著忍辱相。以明分别我人，是取相之病根也。无我人等分别，便是心安不动。乃能任其割截，忍此奇辱。故曰：我于尔时无我相、无人相、无众生相、无寿者相。尔时，犹言彼时，即昔被割截之时也。当知忍此奇辱，他人见之云然耳。菩萨尔时若无事然，无所谓辱不辱，忍不忍。此之谓忍辱非忍辱。见到忍辱非忍辱，正是般若正智。故能内不见能忍，而无我相。外不见所辱，而无人相。菩萨坐禅，本期证道以度众生。今则任人割截，是并此事而忘怀，置生死于度外矣。故曰无众生相，无寿者相。此因菩萨具有般若正智,则通达一真法界。一真法界中哪有人、我、生、佛、生、死等一切对待之相。故尔四相皆无。四相皆无,则万念俱寂。何所谓辱,何所谓忍乎。去而后方能忍此奇辱也。知此,则知一切行门,非仗般若不能成就矣。知此,则知一切修行人,非仗般若不能无挂碍,不能得自在,不能到彼岸矣。故曰一切诸佛及无上正等觉法,皆从此经出也。故曰随说之处,一切天人皆应供养,经所在处,即为有佛,若尊重弟子也。故凡闻而信解受持,为他人说,乃至一四句偈等,皆得成就希有,得无量福德也。世间之人,纵令未能人人如是成就。但能人我分别之见少少轻减,则斗争亦必减少,世界当下太平,安居乐业矣。所以般若是佛教的真精神,是无上法宝。一切众生皆应顶戴恭敬,读诵受持,不可须臾离者。

　　第二何以故?是问何故应离四相。节节,犹言段段。支者,支离。解者,解剖。皆分析之意。段段分析,即指手足耳鼻,一一被其割截而言。应生嗔恨,反显其不能忍。试思尔时无故受此奇辱,若非毫无人我等分别,万念俱空,焉有不生嗔恨之理。

　　或曰:彼时发愿平复,便能平复如故,必有神通,故能忍受苦痛耳。岂凡夫所能为。此说大谬不然,乃是邪见,不可不辩。当知纵得神通,能受苦痛,假使嗔心一起,亦必不能忍受矣。何以故?神通与嗔心无涉故。虽具足贪嗔痴如邪魔者,亦能得通故。所以佛法不重神通者,因此。佛菩萨虽亦有时显现神通,乃用以表法,或藉以感化顽强障蔽之众生,不得已而偶一行之。修行时并不注重乎此。

且本经引此故事,意在明无上菩提,以大慈大悲为根本,则必须离人我等分别之相,使其心一念不生,安住不动,然后乃得恩怨平等,成就大慈悲定。此定成已,然后乃得,虽遇极大之逆境恶缘,不生嗔恨。嗔恨毫无,然后乃得普度众生,满菩提愿也。何以故?众生刚强难度故。故菩萨之修忍行,意在于此。岂但有神通力者所能梦见。不然,如下文所云:一日三时以恒沙身命布施。此人具有绝大神通可知矣。此人不惧苦难,亦极难能矣,然而不如闻此经典信心不逆者,何耶?正明其若不信解受持般若法门,分别心必不能遣净。分别心未净,便是未达一真法界,证空寂之性体。则决不能成就无缘大慈、同体大悲。纵能舍无量无边数身命,仍为有漏。仍防遇缘而退。何以故?未达一真而空寂,便是无明未断。则其信根,尚未成就故。然则有神通力者,纵能忍辱。其与菩萨之所以能忍辱者,根本上完全不同。岂可相提并论。故此下更引多生之事,以证忍辱之非易。非久久修学般若,得大空三昧,正恐忽遇极大逆境恶缘,嗔心少动,尽弃前功。所以持说此经其福过彼舍恒沙身命者,其理在此。总以明不修般若法门,不能离一切相,契第一义空。终不能成就大慈大悲之菩萨耳。如是知者,乃为正知。如是见者,乃为正见。

至于发愿平复,便得平复如故,则有三义,一层深进一层。(一)佛加被故。所以有愿必满者,因此。(二)大慈悲故。所以蒙佛加被者,因此。试观割截之后,乃发愿来世成佛先度大王。可见所以无一丝嗔恨者,由其已得大慈悲定耳。定云何得。无分别心故也。(三)心清净故。所以无分别心,得慈悲定者,因此。

盖修学般若,观照一真法界,无相不相,功行深醇,一心清净。心清净故,法界清净。此时悲愿之力伟大无边,有愿即成。谓之诸佛加被也可,谓之唯心所现也可。何以故?已证心佛众生三无差别故。如曰神通,此正佛门大神通,所谓漏尽通是也。岂彼有漏之通,所可同日语哉!

前段,即第一句何以故下云云。是明离相乃能成就所修之法。即是离法相,正所以成法相。后段,第二句何以故下云云是明不离相适足破坏所修之法。即是不离法相,反令其成非法相。前段是正明。后段是反显。合反正之义观之,岂非离法相正是离非法相乎。简单言之,便是离相乃不堕空,不离相反而堕空。阐明此义,正是向怕者当头一棒。因怕者无非怀疑离相必堕空耳。今乃知适得其反。如此破斥,锋利无比。而般若离相之义,阐发至此,亦毫无遗蕴矣。然非世尊如是善巧以发明之,谁能洞晓?此义若未洞晓,则于离相义,终未彻底。将终不免有发生疑问时。则彼闻经,便能不惊不怖不畏之人,其必深解此义矣,真甚为希有也。

由是观之,上文虽但说非忍辱波罗蜜,即含有是名忍辱波罗蜜之意在内。可见佛之说法,说在此面,意透彼面,面面俱圆也。又可悟得,凡则非是名双举之处,语虽平列,意实侧重则非边。此义换言以明之,更可了然。前不云乎。则非是约性说;是名是约相说。然而性是本,相是末。有本方有末,因空乃现有。故知当侧重则非边也。故离法相正是离非法相也。此即前言佛法以般若为主者,以空为主之意。何以故?性体本空寂故。此佛菩萨所以以大空三昧为究竟也。所以无智无得,而得阿耨多罗三藐三菩提。虽得阿耨多罗三藐三菩提,而仍无智亦无得也。何以故?少有所得,是仍未得故。

佛言应生嗔恨,不但为阐明上来所说之义已也。尚有要义不可不明。当知嗔恨为修行人之大忌。世尊为欲警戒发菩提心者,无论在何时,遇何境,修何法,皆断断不可生嗔。姑就忍辱以说明之耳。其就忍辱说者,因忍辱极易生嗔,以及嗔心一生,忍行便破,此等事理,人所易晓之故。就易晓者说,以为例,俾得会通一切,此佛之微意也。不可误会但是忍辱不可生嗔,其他便无妨也。

何谓嗔恨为修行之大忌耶?因嗔恨正与菩提冲突故也。菩提者觉也,平等也,慈悲也。而嗔恨之生,由于事之不如己意,便是著我,尚何平等之有!世事莫非梦幻,如意不如意,何必认真。此而不知,尚何觉悟之有?其违反慈悲,更不待言。故嗔心一起,菩提种子,便完全销灭。修行人忘失菩提,轻则懈怠废弛,重则道心全退。纵令未退,然以嗔心行之,决不能成正果。佛言:忘失菩提心而修诸善,魔所摄持。普贤菩萨说:菩萨过失,莫甚于嗔心者,以前所积功德,虽多如森林,嗔火若生,一齐烧尽。皆见《华严经》。可不惧哉!可不惧哉!当知贪嗔痴三毒,痴为毒根,痴即无明也。因无明故起贪嗔。而贪嗔二毒,嗔毒之为祸尤钜。何以故?其性暴烈。不发则已,发则虽尽反以前所为,亦不暇顾及。故修行人当痛戒之。佛说此经，为开众生正智，治痴也。开经便说布施，治贪也。而嗔犹未言，故特于此补发之。前曰行布施应无住法，今曰生嗔恨由有四相，皆所以显明非开般若正智，药其著相之痴，贪嗔无由可除也。应生者，势所必至之意。一著相，势必生嗔。一生嗔，势必所修尽破。然则修行人，非学般若，令其在在处处，时时刻刻，心如虚空不可矣。此佛说此科之本旨也。岂第忍辱应然哉。

当知世间万事莫非对待。如因果，人我，男女，阴阳，生死，治乱，乃至染净，盛衰，苦乐等等，无一事出对待外者。因对待故，极易生起分别计较。俗眼既认一切对待者为实事。分别计较，遂致牢不可破。此所以有贪嗔也。若能于对待中，看出消长盈虚的道理。为之消息而通变之，以治理一切世事。不能不服其为世间圣人。然虽能利用对待，终不能跳出对待的圈儿之外。佛法则不然，既一切莫非对待。便于此中，看破其莫非彼此相形而有。既皆相形之事，则是一切虚幻不实，有即非有矣。然而不无虚幻显现，非有而有也。故既超乎其表，而不为所拘。仍复随顺其中，而不废其事。超乎其表，是为不著。不如是，不能证绝对之性体，此大智也；随顺其中，是为不坏。不如是，不能救轮回之众生，此大悲也。一切大乘经典,皆说如是道理。而《般若》说之尤详。《金刚般若》,说之尤精。

学佛人能见及此者,曰开道眼。道眼若开,急当养其道心。云何养耶?当令心如虚空,超然尘表。如虚空者,不住相是也。经言,施不住相,福如虚空。其意正令离相,俾心如虚空耳。必须生空、法空、而后心空。生空者,非谓无我人众生也,但不著其相。法空者,非谓无法。应行之法,仍一一如法而行,但行若无事。行施而忘其为施,行忍而忘其为忍,乃至行六波罗蜜,忘其为六波罗蜜。曰如无事,曰忘,谓不著能行所行之相也。是即我法双空,并空亦空。

初学固不易几及,然不可畏难,须时时体会此义,令其心空空洞洞,是为要著。超然尘表者,不与尘世上一切对待之事理厮混,心中常存一摆脱之意,勿令间断,是为要著。当知能不厮混,乃能渐渐心空也。复于此际,提起一句万德洪名,一心而念。亦不分别谁是念,谁是佛。但令念即是佛,佛外无念。此心本已令如虚空,则此即佛之念,亦复弥满虚空。而上与十方如来,下与法界众生,息息相通矣。如此,谓之有念可,谓之无念可,谓之佛即念念即佛也可,谓佛与众生在此心也可,谓此心与佛以及众生,无异无相也可。更多多读诵

《金刚般若波罗蜜》,以薰习而长养之,令其道眼日益开,道心日益固,是为般若、净土同修之法。此法与一真法界相应,与实相相应,与空有不著、性相圆融相应,与第一义空相应,与心净土净之义亦复相应。诸君试之,当有受用处。盖此是随顺对待之因果法,而修绝待殊胜之因,可证绝待殊胜之果也。

经中上来说无我人四相处甚多,然皆是约正面说,即是约得益说。其约反面受害说者,止有开经时所说若有我相人相众生相寿者相,即非菩萨。然是言其当然。今曰应生嗔恨,则说其所以然矣。何以故?若生嗔恨,便非菩提心,亦即非觉,是依然迷途凡夫也,故曰即非菩萨。由此可知,欲出迷途生净土者,亦安可不于我法双空,加之意哉!因无论著我相,或著法相,少有分别计较,便是住尘生心。心有尘染,哪得清净。净心未能,净土不生也。慎勿曰:净土法门,不必高谈般若也。

佛之言说,固是圆妙,应作面面观。而佛所说之法,亦无不圆妙,亦应作面面观也。盖佛所说之法,无不一法含摄多法。所以多法复能归趣一法。此《华严》所以明一即一切,一切即一之义也。故本经曰:无有定法。故不可执。如前言布施统摄六度,须知忍辱亦统摄六度也。如曰:忍名为戒,是忍度即戒度矣。听其割截与结来世度之之缘，是以忍辱为布施也。嗔恨不生而忍可，便是禅定。何以故？忍可不动，岂非定乎，定故不起嗔也。而下文曰：五百世忍辱，则精进也。无我人等相之为般若，更不待言。故举忍度，摄余度尽。推之诸度，度度皆然。故本经虽未明言精进、禅定，实已摄在布施、忍辱中矣。

当知戒、进、定三度，离舍、忍两度，便难成就。何以故？戒之能持，由于忍可于戒，舍去染缘。定之成就，亦由舍昏散，而正受不动。且若不能舍，不能忍，尚何精进之可言。故施、忍两度，实一切行门之主要。此本经所以但举布施、忍辱为言也。

又布施所谓舍也。若著相，则必不肯舍。犹之著相者必不能忍。其非学般若不可，甚为明显。故本经但约此两度以明离相也。此两度既为行门之主要，若此两度能离相，其余行门，自然能不著矣。

先言布施，后言忍辱，亦具深意。盖舍有遣执之功，破我之能，最与般若密切。前云持戒修福者能生信心以此为实，亦是令学般若者，首当学舍。盖持戒便是舍一切染缘，舍向来恶习，修福便应施舍。先令学此舍行以遣执破我，乃能增长般若种子。此其所以于此章句，能生信心，以此为实也，此布施所以应先言也。而持戒，戒学也。能生信心以此为实，慧学也。以文相论，是已具戒、慧二学矣。而定犹未言，定功惟忍方成，故于正明成就希有时，就忍度以示意。使知欲成菩萨，戒、定、慧三学，必当完全具足。然而必能离相，方能成忍。此所以忍说在后也。由此可知，所谓六度者，约事相分说，虽有六种，而义则互相助成，关系密切。用功时必须一贯。何以言之？戒为修行之基者，以其作用，能舍旧染之污也。舍即布施义也。持戒之义，便是心能于戒忍可安住，故曰忍名为戒。而忍可安住，便是心定不动。必其一心忍可于所观之法，而后慧生。故曰定生慧。然亦必具有遣执破我之慧，乃得成就安住不动之定也。盖般若为诸度母。一切行门，皆由观慧而生。故定亦不能外是理也。定、慧盖互相生起者耳。若于般若、布施、持戒、忍辱、禅定、一一不懈不退，是为精进。何以能不懈不退，即是于法一心正受，安住不动也。亦即是于法随得随舍，绝不著相自满也。可见法法互生互摄。苟缺其一，六皆不成，行人不可不明此理。

一切行门中，舍、忍二度，固为主要。而舍尤为主要中之主要。何以知其然耶？试观本经说忍只一二处，此处，及最后言得成于忍句。而说布施最多。其义云何？以舍能遣执破我，则最能消业除障，最能彰显般若正智故也。由此可知，佛法如海中，舍是先锋如最初须持戒修福以学舍是。亦为后劲。如最后并无上菩提亦不住是。且修忍，亦非舍不成。任其割截，非舍而何。不但此也，法与非法不取，便是一切皆舍。舍之罄尽，则如如而不动矣，得成于忍矣，当如是知也。

（卯）次，引多生事。

"须菩提！又念过去于五百世，作忍辱仙人。于尔所世，无我相，无人相，无众生相，无寿者相。

过去，通指歌利王以前之时。佛经中所云仙人，是通指一切修行人而言。并非专指外道。故佛亦译称金仙。前云凡举忍辱为言，意在以别明总。故除指明有毁辱事实者，皆当作安忍义会。如此科所说忍辱，非必定谓五百世皆如歌利王之事也。且世尊行菩萨道时，布施身命，不可数计，岂止五百世，兹不过略言之耳。如为一句半偈之法，舍命亡躯。或烧身以供佛，或剜身以燃灯，以及割股救鸽，捐身饲虎等等。无非上为佛法，下为众生。今云五百世作忍辱仙人，意在显明多生多世布施生命，皆行所无事，其心安忍而不动也。尔所者，如许之意，指五百世言。如许世能安忍者，由于如许世修般若离相法门，故曰于尔所世。无我相云云。

引多生事，意在证明上来遇歌利王事之能安忍，由于久修般若。使发菩提心行菩萨道者，得所遵依也。总而言之，观门之般若，行门之舍忍，为学道要门。何以故？众生之为众生，因有贪嗔痴三毒。而般若治痴也，舍则治贪，忍则治嗔。惟三毒之病根甚深，非多多修舍，贪何能破。非久久修忍，嗔岂能除。然而若非精修般若，具足三空之智，以去其著相分别之愚痴。则舍、忍亦终不能成。而戒、进、定三度，亦有名而无实矣。故《金刚般若》独举舍、忍以明离相。使知著相便是三毒。故当离相舍、忍以拔除之。若三毒拔，则戒定慧三学全，而法报应三身亦可显矣。然则般若、布施、忍辱三波罗蜜，其六度万行之主脑哉，行人当知所先务也。

上来第一波罗蜜一科，是说离法相，即并离非法相，此阐明虽空而实不空之义也；忍辱一科，是说离法相，正是离非法相，此阐明因空以成不空，亦即不空而空之义也。由此可悟，经中凡言非者，正以成其是。凡言是者，适以形其非。故曰无有定法。所以于法应无所住。当知一切世间法，出世间法，莫不如是空而不空，不空而空也。所以一一宛然而有时，实一一当下即空。而一一当下即空时，正一一宛然而有。此之谓空有同时。故一一法皆不可执为实无，亦不可执为实有。故曰凡所有相，皆是虚妄。何以故？莫非虚妄，非实有也；不无虚妄，非实无也。所以法与非法，皆不可说，皆不可取。其有所取著者，非他，由其心中有人我等对待分别之相耳。故曰若心取相，即为著我人众生寿者。而心有分别，便是无明，便违平等一真法界。故发菩提心者，应无所住焉。然则上两科阐明空而不空，不空而空之义，无异为以前所说诸义，作一汇总之说明。已将无住真诠，发挥透彻矣。故此下即乘势作一总结，而申明之曰：以前所有言说，所有法门，莫非真实，不诳不异。何以故？因真如实相本是空而不空，不空而空。故其显现之一切法，亦莫不如是。而如来所说之法，即是根据此理而说。故曰真实，故曰不诳不异也。故修行者之于一切法，皆应如是体会观照，而一无所住，方能不违本性，而得心清净，生实相焉。倘不能如是体会观照，则无明不破。故曰：如人入暗。倘能如是体会观照，必破无明，故曰日光遍照。以示一切众生于此金刚般若，不可不信解受持也。兹将次科之所以生起，及次科之要义，先说一概略，则临文较易领会矣。

（子）次，阐明说法真实义。分三：（丑）初，总结前文；次，正明真实；三，重以喻明。（丑）初，又二：（寅）初，结成无住发心；次，结成无住布施。（寅）初，又三：（卯）初，标结；次，释成；三，反显。

（卯）初，标结。

"是故须菩提！菩萨应离一切相，发阿耨多罗三藐三菩提心。

观上来概略中所说，可知总科标题中之说法，是两件事。说者，言说也。法者，法门也。

是故者，承上起下之辞。离一切相，即上文长老所说，离一切诸相。所有我人有无以及法与非法等等对待之相，无不皆离，故曰一切。应者，决定之辞。明其非离尽不可也。前长老言，离一切相则名诸佛，是明离相乃得大有成就，是约证果说也。此长老所以深解之所趣也。世尊印许之后，接说第一波罗蜜，及忍辱两科，是明应离一切相以修六度，是约修因说。此科即承其义，而结归到应离一切相而发心。则更进一步矣。盖修六度,是成就之因。而发心,又是起修之因也。是说到本源上矣。无论果位、修功、因心、而离相则始终一贯。故长老既深解其归趣,世尊更阐明其由起。使知既离诸相方名诸佛,是故应离相以进修,应离相以发心。则般若为贯彻始终之法门,离相是转凡成圣之途径,当可洞明矣。

本科之结前义,不止如上所云;但结前来数科已也。当知应离一切相,发菩提心两句,直是为经初所言,发菩提心,应如是住,如是降伏其心,诸义点睛。何以故?应离一切相发心,所以应降伏其住相之心也。不但此也,且将经初答语中,所有一切众生之类云云之义,一并结成。何以故?度无边众生,令入无余涅槃者,发阿耨多罗三藐三菩提心也。实无众生得灭度者,应离一切相也。意若曰:前答所云令度无度相者,因必应离一切相,然后所发者,方为菩提心耳。何以故?未能离相,决不能度尽众生,亦决不能令入无余涅槃。则所发者便成虚愿。此前所以又云:若有我人等相,即非菩萨也。故此中不曰发菩提心应离一切相,而曰应离一切相发菩提心,意甚警策。前不云乎?菩提者,觉也,平等也,慈悲也。若其著相,则其心便非觉,非平等,非无缘慈,非同体悲。虽曰发心,其所发者尚得谓之菩提心乎?故决定应离一切相,然后乃为发菩提心也。

下文不应住色声香味触法生心,应生无所住心,三句。是释成此中应离一切相之义。对彼而言,则此中所云,亦是标举之词。故科目曰标结。标者,明其起下。结者,明其承上也。

(卯)次,释成。

"不应住色生心,不应住声香味触法生心,应生无所住心。

此科是释成上文应离一切相,然不作别说,即引前约因正显中发无住心之文,略变其辞而说之者,此佛之说法,所以玲珑剔透,面面俱圆也。盖如此而说,不但可以释明上科之义,兼可阐明发无住心一科之义。以免闻前说者,谛理不融。即藉以回映前文,作一结束。善巧极矣。

生者,生起之意。发菩提心者,心固不应驰散,亦不应沉没。若其沉没,则六度万行,从何起修? 故特特说一生字以示意。此科之意若曰:顷言应离一切相发菩提心,应离何等相耶? 相应云何离耶? 无他,既是发起平等慈悲之觉心,则心生起时,便当摆脱色声等等对待之尘境,而不应住著。则一切相皆离矣。但应生起于所有对待的尘境一无所住之心,然后所发者,乃是阿耨多罗三藐三菩提心也。

前文云:应无所住而生其心,是分而说之,以显空有二边不著之义。今文云:应生无所住心,则合而说之矣。略发其词,义则更精更透,迥不同前。盖虑闻前说者,若将无住、生心打成两橛,必致或执无住而堕空,或执生心而滞有矣。即不如是,但令于无住生心未能圆融,则空有二边不能双冥。纵能二边不著,合乎中道。而中边之相,俨然存在。如此,则虽不著边,却仍执中。既有所执,便是分别,仍落四相矣。故今为之融成一片曰:前云应无住而生心者,初非二事。乃是应生无所住心耳。此意是明生心时即是无住时,无住时即是生心时。如此,则有即是空,空即是有,空有同时并具矣。若能空有同时,则既无所谓空有,便无所谓边,亦无所谓中。而实在在处处,无一非中。所谓圆中是也。至于圆中,则我法双空,四句俱遣,乃无相之极致,方为发离一切相之无上菩提心。初发心人岂能如此,正因其不能如此,故曰应。谓应如是知,应如是学也。

前约因正显中发无住心一科,本是开经以后,所说诸义之结穴。今此一科，既是结成前文无住发心之义，更加以下科结成前文无住布施之义，则其为开经以来诸义之总结穴可知矣。故标科曰总结前文。

前发无住心文中，诸菩萨摩诃萨，即指发菩提心者。清净，即谓离一切相。当知清净心，即是本性，所谓本来面目是也。乃是十法界所共具者，故又名一真法界。但六凡众生之清净心，久为分别人我等等对待之相所障，故不能显现。若相离得一分，则清净心便显现一分。前所云信心清净，则生实相是也。实相，亦本性之别名也。分分离时，名为分证觉。最初离得一分时，便是分证觉之第一位，名为初住菩萨。是为转凡成圣之第一步，亦名正定聚。正定者，住义也。聚者，类义也。言其已入圣果之类，永不退转阿耨多罗三藐三菩提，故名正定聚也。至此地位，方称信根成就。因其信根成就，故得不退。因其初成不退之圣果，故名初住。由是历尽四十一位，断最后一分无明，则一切相方能离尽，清净心乃圆满现前，是名究竟觉，亦名妙觉，亦称曰佛。可见由凡夫至究竟觉，其功行唯一离相而已。云何能离？依文字般若，起观照般若而已。世尊惟恐学人于上来所说文字般若，未能深解，则从何观照。故说至此处，更为融通前义，以便观照用功耳。诸君当知，吾辈既受持此经，必应将佛所说义趣，彻底领会，令心中了了洞明。然后修一切法时，遇一切境时，乃能运用以历事而练心也。

尤应于行住坐卧时，穿衣吃饭时，迎宾送客时，时时处处，常将所领会的义趣，存养心中，优游涵咏，勿令间断。务将经义与此心，融成一片。即此，便是薰习，便是观照。不必定要打坐观照也。如此用功，便能使无明渐减渐薄，便有增长菩提之功，遣执破我之能。且必须如此存养有素，然后运用时，才凑泊得上，此即前所谓养道心也。如此培养，其道眼亦更得增明矣。此是最亲切有味的修行方法，毫不费力费事，而能得大受用，千万勿忽。

前文今文，若联接说之，其义更明。今再将前后文联成一贯为诸君说说，以便彻底领会。曰：发阿耨多罗三藐三菩提者，应令本具之自性清净心现前。云何得现？即是此心不应现起六尘境界，应不住尘境显现其心，庶几渐得清净。由此可知，所云清净，非谓沉空滞寂，令心不起。但应离一切相耳。离何等相？即是不应于有分别对待的六尘境相上，住著生心。且不但应离境界相，并应离无住生心分为二事之相，而生无所住心。何谓生无所住心？唐永嘉元觉禅师有一颂，正好移作注解。颂曰："恰恰用心时,恰恰无心用,无心恰恰用,常用恰恰无。"第一句,生心也,有也,照也。第二句,无所住也,空也,遮也。合而观之,便是生无所住心,亦即是空有相即,遮照同时。第三句,即无住而生心也,所谓即遮而照,即空而有。第四句。即生心而无住也。所谓即照而遮,即有而空。合三四两句观之,则是遮、照、空、有、无住、生心、俱不可说,而又恰恰是生无所住心。此即存冥自在之意。当知生无住心,即是生清净心。生清净心,即是生实相也。奉持《金刚般若》,应如是信解受持,应如是为他人说,俾自他如是如是离一切相,便如是如是显现共具之清净心。如此,方为发阿耨多罗三藐三菩提心也。

前发无住心一科,说在庄严佛土之后。今结成无住发心一科,则说在六度之后。此又点醒修六度正所以庄严佛土。故此中阐明应离一切相发心修六度,亦正所以结显前义,应离相以庄严佛土也。菩萨所以庄严佛土者,意在上求下化。故上求下化,皆应离一切相。佛经中有曰:上无佛道可成,下无众生可度。此意,即是成佛而不见成相,度生而不见度相也。

总之,生无所住心,是离一切相之真诠。所谓圆离是也。

圆离者,一空到底之谓。亦即是离四句,绝百非,亦即是理无碍,事无碍,理事无碍,事事无碍。亦即是双遮双照,双冥双存,遮照同时,存冥自在。当如是领会也。又将无所住摄入生心中说,意极警策。盖指示学人,倘于无所住外生心,则心即有住。亦生则成非。微乎危乎。下科反显,正明此义。

(卯)三,反显。

"若心有住,则为非住。

若心有住。正明若于无所住外生心,则生心便有所住矣。住者,取著之意。若于无所住外生心,便是其心有取。取则著相。故曰则为非住。谓住则为非也。何以故?住便有相,与上言应离一切相违反,故非也。将此两句经文,一气读之,义甚明显。盖若心有住则为非住,犹言心若有所住,便是非所应住。故曰住则为非也。此义,正与开经时所云,菩萨但应如所教住,一正一反,遥相呼应。心若有住,便非如所教住。故曰则为非住也。前言应如教住,是紧蹑其上文所云应无所住来。可见如所教住之言,不过因问者有应云何住之问,姑且随顺说住耳。其意,实为无住之住。换言之,即是应住于无所住。由此足证应一无所住。若心有住,住则为非矣。

或曰:汝义不然。经义是说若心于一切法有所住,则为非住般若。盖明一切法皆不应住,但应住般若耳。《大般若经》不云乎:不住一切法,即是住般若。若将两处经文印证,可见此处是明应住般若。若住般若,非不住一切法不可。故曰若心有住则为非住。故知汝义不然也。或人之语,大错大错,由其未明经义故也。今恐或者有见《大般若经》所说而生误会者,不得不引而彻底说明其义。当知本经上来特说第一波罗蜜及忍辱两科,正明般若不离一切法,一切法不离般若。即此便可证明则为非住一语,断不能作非住般若会。何以故?既是般若与一切法不能相离,则《大般若经》中所云不住一切法,即摄有不住般若在内。而又曰即是住般若者,应向不住即是四字上领会。盖谓一切不住,即是住耳。总以明般若应以不住为住之义。此与本经所说但应如所教住,语意正同。况《大般若经》此两句外尚有两句曰:不信一切法,是名信般若。当知一切法皆是佛说,岂可不信。若合四句而读之,便可悟知,亦是显明一切法不能离般若,一切行人不能离般若之义者。若看成不需一切法，但执一般若。则佛法扫地尽矣。有是理乎！至于本经上来明明说般若非般若，又曰第一非第一，岂得曰应住般若乎哉！总之，凡读佛经，欲明佛理，必应深解圆解。否则便恐误法误人。而般若法门，尤应加意。因其理既甚深微，其语又甚圆活。断断不可以浅见窥，不可以偏见测也。

又有疑非住之言，是说则为非住菩提者，亦大谬误。佛与长老，为明菩提心亦不应住，特特说后半部经，讲至后半部，便明其旨，兹不赘。总而言之，住即是取，亦即是著。既一切不应取著，故一切皆不应住，而有住便非耳。

或又曰：经云不应住色声香味触法生心，则离相似但约有边说。不知说一法字，便摄非法。前不云乎，法尚应舍，何况非法。故说及法，即摄非法也。且明言应离一切相。若不将有无四句摄尽，不得曰一切也。凡此等处，若不深观圆观，便是浅说般若。无论妄说浅说，其罪甚大。故今乘便，为剖析而详说之。

此结成无住发心、无住布施两科，既是总结前文，故其中含义，多而且要。若不逐层发挥透彻，义趣便不融贯，云何作观。况住尘生心，正是凡夫积习，极不易除。而不应住尘生心,又正是对病发药,极关紧要。则应云何乃能不住,万不能不多说方便,使有下手处。若非然者,虽般若道理,说得极是,亦为空谈。听得极明,亦是白听。故此等处,说者听者,皆应极端注重。不应怕烦,不容少忽者也。

长老所问发阿耨多罗三藐三菩提心,应云何住,云何降伏其心。是分开各问。盖发心也,住也,降伏也,明明三事。然语虽分三,意亦一贯。何以故?长老问住,意在心得安住之方。恐不能安住,故又问云何降。而问云何住降,又正是问应云何发心也。故世尊答意,亦为融答。试观初答降中语意,便可悟知所谓降者无别,即是降其住相。故曰:若有四相即非菩萨。于收结处,特作此语,正是点醒此意也。次答云何住时,则曰但应如所教住。而所教却是应无所住。深观其意,又可悟知,因众生处处住著,故令无住。令无住者,正所以降伏之也。是已将住与降伏,融成一片矣。其下所说,无非发明应无所住之义。说至此处,复引前之已说者。略变其词而深透说之曰:应生无所住心。且曰:若心有住,则为非住。由此更可悟知,无住二字,乃《金刚般若》之主旨。一部经千言万语,可一言以蔽之曰:无住而已。世尊何故要如是融答?读经者何故要如是得其答中之主旨?以不如是,则用功不能扼要。不扼其要,云何着手耶!

复次,此中所说离一切相,便是无住之意。所说应离,便是降伏之意。而曰应离一切相发菩提心,是又将住、降、与发心、融成一片矣。意若曰:上来所说诸义,不可但以为发菩提心后,应降伏其住相。当知发心时,便应离一切相而无所住,方为发菩提心耳。得此一结,则上来诸说,更加警策。闻法者明得此义,则知发心时,便不容含糊。因心既真,自不致招迂曲之果。所谓初发心时便成正觉者,如是如是。当如是信解受持也。

不应住色生心,不应住声香味触法生心两句。世尊重叠言之者,实具深意。因尘世众生之环境,不离此六。住尘生心,乃无始来之积习。而欲了生脱死,又必须背尘合觉。故特重叠一再言之,令尘境中众生,须将不应住三字,深深体会,时时观照,勤勤远离。庶几渐能做到不住耳。

色声香味触暂置。先言法字,将云何离乎?无论世间法,各有应尽之责,苟不尽责,又落因果,云何可离?况佛法亦法也,正要依法修行,更何能离?固知所谓离,所谓不住,乃不著之谓,非谓不行其法。然而既须尽心以行,将如何行去?始为不著耶?所以非有方便不可也。今约行解两面,再说方便。

行之方便云何？以世间法言，凡所当为者，自应尽心竭力，不错因果。然首当加意者，无论如何艰难困苦，决不可起劳怨之心；无论如何成绩优长，决不可存居功之想；不幸失败，亦决不可因之烦恼忧愁，慨叹忿恨。必须此层做到，方能达到前次所云，事来便应，事过即忘，得与不著相应耳。以出世法言，要在无论修得如何久，如何好，如何完备，而决不自是，决不自满。如此乃能达到行所无事也。

然而众生所以处处著者，由有我相，我相则生于我见。是故欲根本解决，非破我见不可。而欲破我见，非明佛理不可。何以故？我见起于愚痴。而无我之理，破我之法，惟有佛典说之最精最详。故非佛法，不能开其正智，消其障蔽，化愚痴，而除我见也。故欲行为上真能不著，必应了解佛理矣。然而了解殊不易也。试以我见言之。云何有我见耶？我见之害云何？云何能除我见？云何方为无我？已觉头绪纷繁。况与此相关之事理，甚多甚多。若知一而漏余，必执偏以概全。偏执即是著也。故欲了解佛经中一事一理，必当先去此等偏执。要知必能融会众义，乃能通达一义。此所以应作面面观也。必面面观，乃能渐入深观圆观，而得深解圆解也。

然则解之方便云何？首当多读多诵，最好遍读一切经论。然泛泛看过，毫无益处，亦非尽人所能。兹姑举必不可少中之极少数言之：如《圆觉》、《楞严》、《楞伽》、《地藏》等经，皆应多读。《华严》、《法华》，若不能尽读，或读一种；若不能全读，或读数品，皆可。《华严经》中之《普贤行愿品》，尤当奉为日课。至如本经之不可一日离，更不待言。论则《大乘起信论》、《大乘止观》两种，亦当列入日课，轮流读熟。而净土"三经一论"，亦不可不读者也。凡曰读者，当至诚恭敬读，悠游涵咏读。其中紧要之句，须时时存养于心中，令与自心冥合为一。此最妙之观门也。断断不可视同俗书，徒向文字中剖辨。愈剖辨则执愈重，障愈深矣。何以故？因其无非本其多生以来之我见凡情，推测卜度耳。如此，不但增长偏执，更恐生出大邪见来。况佛菩萨所说之理，本超凡情之表。今以凡情揣度，如何能明？因不明故，甚至生大毁谤，堕无间狱。不止退失信心已也。所以向文字中探讨，是学佛之大忌。故《圆觉经》云：以轮回见，测圆觉海，无有是处。

至若古德注疏，若欲研究，则应广览。因其各各有长有短，必须会通其义，切忌偏执。亦与读经同，不可专向文字中剖辨寻求。惟有如上所说，至诚恭敬读，悠游涵咏读，存养观照,斯为最要。尤须以行持助之。首当持戒修福,加以精勤忏悔,礼敬三宝,请求加被。消我夙障,开我正见。且发大悲大愿,广度众生。则感应自速。更当恳切念佛持咒,仰仗加持之力,除其障蔽。如是解行并进,久久不懈。则障渐渐轻,心渐渐空,慧渐渐开;观照之功,随之而渐深渐圆;我法二执,亦随之而渐化渐除;法与非法,亦得渐渐不著。所谓水到渠成,有不期其然而然者矣。固不止佛理洞明已也。此以法言也。

至若色之与声,有目则有见,莫非色也;有耳则有闻,莫非声也;香味触例此可知。虽避至无人之境,而山间之明月,目遇之而成色;江上之清风,耳遇之而成声。云何远离乎?须知心不清净,即令闭聪塞明,其意境中,正不知有多少色声香味触幻象显现。必须如上所云,解行并进,久久薰习。令其道眼明,道心净,而能反见反闻。则色声等境,方不于心中现起。然后对境遇缘,乃得见如不见,闻如不闻耳。

更当知佛之说此二句,指若心有住,则为非住。原是为发菩提心,修菩萨行者说。因其既发大悲大愿,绍隆佛种,欲度一一众生,尽成佛道。则生生世世,不能舍众生。若不离一切相,便畏生死流转,而大道心退矣。且既不舍众生,便不能舍尘境,而一言及境,便有顺有逆。若未能生无住心,离一切相。一遇逆境,能不退乎！如舍利弗于六十劫发大心修大行。因人乞眼,已剜一眼；复索一眼,遂致退大修小。是其明证。倘遇顺境,或为人王、为天人、为帝释、亦须离相。乃能道心坚固,不致为乐境所转。况菩萨一面下化,一面仍当上求。如我世尊多劫以来,一句投火、半偈亡躯之事,不知经过几许。皆是由能离相之功也。以是之故,必应不住六尘生心,而后乃离一切相。相离而后性显。性显而后乃能不动道场,现身尘刹,满其上求下化之菩提本愿。此世尊所以言之又言也。

由是而谈,发大心修大行者,不亦难乎？虽然,有胜方便在,难而不难也。方便云何？念佛求生西方是也。当知念佛求生法门,正为发大道心者说,兼为余众耳。世人不知,乃小看之,大误大误！《起信论》曰:"众生初学是法,指大心大行言。欲求正信,其心怯弱。以住于此娑婆世界,自畏不能常值诸佛,亲承供养,惧谓信心难可成就,意欲退者。当知如来有胜方便,摄护信心,谓以专意念佛因缘,随愿得生他方佛土,常见于佛,永离恶道。如修多罗说,若人专念西方极乐世界阿弥陀佛。所修善根,回向愿求生彼世界,即得往生。常见佛故,终无有退。以上是不知离相者之方便,即是为余众而说者。若观彼佛真如法身,观法身,正谓离相观性。常勤修习,此修习二字,兼指离相及念佛二事言。毕竟得生,住正定故。住正定,即是信根成就。"观此论文,足证念佛求生法门,正为发大心者说矣。盖欲免其怯退,故开此殊胜方便之法门耳。亲近弥陀而住正定。则不但信根成就,且已分证法身。便能分身百界,此约初住言,初住以上千界万界,十倍十倍增加也。广度众生。无论境缘顺逆,遇之如无其事矣。有此胜方便,何必胆怯,而不发大心乎。其已发大心者,又何可不修此法乎。

《论》中所言往生之相有二:(一)既念彼佛,复以所修各种善根,回向求生者,即得往生,终无有退。此即未能离相见性,但以蒙佛摄护之力,故得不退。(二)既念彼佛,且能观佛真如法身者,毕竟得生,而住正定。此是能离相观性,故得生便住正定。住正定者,言其已登初住也。所谓上品往生,到即花开见佛,悟无生忍者是也。是故吾辈若离相与念佛同修,仰蒙本师及接引导师十方诸佛护念之力,则一推一挽,顺风扬帆,有不速登彼岸者哉。然则前次所说般若、净土同修之法,幸勿忽也。

《起信论》所说,观佛真如法身,不可局看。经言,心佛众生，三无差别。既是离相而观性，观法身者，观性之意也，亦离相之意也。则观佛法身，即是自观本性，当如是知。细观此结成无住发心一科，不但回映经初答降伏中之义。并亦回映答住中之义。即应如是降伏其心，及应无所住行于布施，两大科。语意甚明，毋庸繁述。

前答降伏中之义，是令发离相大愿。答住中之义，是令修离相大行。合之，正是教令应如是发心。可见前文，表面似但答降答住。实连发心之问，并答在内矣。此义，得此中应离一切相发菩提心一语，为之点醒，乃更明显。又此结成无住发心一科，虽将开经以来所说者，一并结成。却止是结成观门。故下科又将行门中统摄六度之布施，特别说之。不但结成前文无住布施之义，且以示观行二门并重，不能相离也。而先说观，次说行者。又以示一切行持，应以观慧为前导也。理既精严，说复善巧，当静意领会之。

前云：前之发无住心一科，为开经后所说诸义之结穴。今此结成无住发心一科又为总结穴。何谓结穴、总结穴？其义虽已说明，然犹有未说到者，兹再补说之。因是要义，不可不知。不然，亦可不说矣。

前发无住心一科中，应生清净心一语，为开经后种种离相义之结穴也。何以故？离相原为证性，令清净心现前故。不现前，便不能转凡成圣故。故曰应生清净心也。

应无所住而生其心一语，为开经后所说空有不著义之结穴也。何以故？空有二边不著，必须止观并运故。盖无所住，则心空而寂，此之谓止；生其心，则心朗而照，此之谓观。即宗下所谓惺惺寂寂，寂寂惺惺。如此，则定慧平等，方与如实空如实不空之本性相应。换言之，定慧平等，乃能空有不著。乃能证得寂照同时之妙果。佛菩萨证此妙果，所以遍界分身，而未尝来往。不作心意，而妙应无方也。此种大用，实由修因时，止观并运，空有不著来。故发菩提心者，应无所住而生其心也。两"应"字要紧，谓必须如此，乃得与本性相应，与妙果相应。两"不应"字亦要紧，住尘生心，则合尘而背觉矣。性德果德，皆不相应矣。此科中两应字，两不应字。亦当作如是观。迤逦说来，说至此处，又为前义之总结穴者，以其说到本源故也。此义前曾说过，然但说得修六度是证果之因，发心是起修之因，此不过本源之一义耳。当知所谓本源，非止一义，故须补说。

上请示名持一科，已说到断念。此科则是教以最亲切最初步之断念方法，故曰说到本源。

上第一波罗蜜一科,明法法皆般若,即是明法法皆应离相。忍辱波罗蜜一科,是明离相乃能成忍,然但说理。此科则又教以最亲切最初步之离相方法,故曰说到本源。盖断念是见性之源,而离相又是断念之源也。总之,此科及下科,皆的示以用功要门,岂止道理精微圆妙而已。若但作道理会,岂不辜负经旨。明得此科之修行方法,下科便能应用。故今就此科言之。

曰发心,曰生心,发、生二字要紧,谓起心动念时也。心字更要紧,菩提心,无所住心,真心也。住尘生心,妄心也。一应一不应,是的示学人当于心源上领会。于起心动念时观照。勿令错乱修习也。故曰最亲切,最初步。盖如此开示,是令运用般若正智,以除妄念,俾昏扰、扰相之心,渐得安住之入手功夫,故曰最初步。且如此用功,甚为切实,易得进步。何以故?知得成凡之由,成圣之路,从紧要关键上下手故。故曰最亲切也。

何谓成凡之由耶?当知一切众生,由于无始,未达一法界故,名曰不觉,亦名根本无明。以无明不觉故,遂尔动念。念起,便于心中显现能所对待之相。于是人我等等分别计较,从此繁兴。愈著愈迷,愈迷愈著。此起惑造业受报之由;

亦即成凡之由也。知此，则知成圣别无他路，惟有离相息念，以除其人我等分别计执而已。何以故？就地跌倒，须就地爬起故。

发菩提心，便是发觉初心。菩提者，觉义故。无始不觉，由于迷真著相。今若不知离相，何云发觉？知此，则应离一切相、发菩提心之义洞明矣。可见此义，亦高深，亦切近。约高深言，须至妙觉，相始离尽。然而因赅果海，果彻因源。故初发心时，便应如是而知，如是而学。约切近言，著相则背觉合尘，是成凡之由；离相则背尘合觉，乃成圣之路。故一切学人，于起心动念时，便应在离相上切实用功，断不容忽。

然而离一切相，包罗广大，从何入手？不应住色生心两句，即指示入手方法也。方法云何？要在不令心中有色声香味触法幻相显现。现即遣之，不令住著。须将不应二字，微密提撕。一念起时，当提起正念曰：从无始来，由住尘生心故，贪嗔竞起，有我无人，堕落恶道，不知次数；即生善道，旋复堕落；轮回之苦，无量无边。向苦不自知耳。今幸闻法，亦既知之，何仍于心现起，不畏苦耶！自尚如此，何能利他耶！是大不应。一也。

复作念曰：迷相则成众生，离相则名诸佛。一升一降，一圣一凡,只在一转移间。其间间不容发。今学佛矣,于此间不容发之际,全在当机立断。断断不容此等幻相,于心停住。稍纵即逝矣,何名学佛耶!是大不应!二也。

复作念曰:自性清净心中本无一切相。今从何来,令心不净,是大不应。三也。

当知有所便有能。心中所现之幻相,非他,即生于能现之妄念耳。是故上来责所现之不应,加以遣除。无异责其起念之不应,加以遣除也。然则提起正念,便是斩断妄念。如快刀之斩乱麻。何以故?同时不能有二念。正念提起时,妄念自除故。可知说此两句为离相之方便者,正为离念之方便。亲切极矣。知得如是提起正念,便是发觉初心。故曰初步也。

上作之三念,一层深一层。(一)是以沉沦之苦作警告。(二)是以力求上进为鞭策。(三)是反照心源,令趋本寂。随提一念,或兼提,可相机行之。起心动念时,如是绵密用功,庶几对境遇缘时,较有把握耳。

然欲起心动念时,正念提得起,必须平时即未动念之时。亦不放松。故复说应生无所住心。此句是令平时心于尘境一无所著也。此须用前次所说般若、净土同修之法,以为方便。常令其心,等虚空遍法界,超然于一切有对待的尘境之外。即复提起一句佛号,令佛与念,水乳交融,与虚空法界,成一大光明海。但如是蓦直念去,心少昏散,便振作而融摄之。

常令其心等虚空遍法界超出尘外者,性体本如是故,虚空无相不相故。常作此观,令此心空空洞洞,则念佛时便易得力。水乳交融者,即前所谓不分别谁是念,谁是佛,但令念即是佛,佛外无念是也。与虚空法界成一大光明海者,我与弥陀,本与十方诸佛,法界众生,同一性海,无彼此,无差别。故今如此一念念佛,便念念上与诸佛菩萨光光相照,同生欢喜;下与一切众生,息息相通,同蒙摄受。则是念念上求,念念下化,故同成一大光明海也。

又复我心佛心,既同一性海,则亦不分别极乐世界在虚空法界外,在虚空法界内;亦不分别极乐世界在心内,在心外。故同成一大光明海也。但蓦直念去者,不分别有好相,无好相,得速效,不得速效。但如是所向无前,至诚念之而已。

更须勤提应字,以振作之,不令懈怠。常作念曰:所发何心耶?众生待救方殷,诸佛相期甚切,若少懈怠,则所发心,便成妄语,努力努力。以为策励,此是应门。若起他念,则依前不应门中所说三种正念,自呵自责。并将若心有住则为非住二语,恳切提撕,绵绵密密,不令间断。

须知起念即妄,念佛之念,亦妄非真。何以故?真如之性,本无念故。但因凡夫染念不停,不得已故,借念佛之净念,治其住尘之染念。盖念佛之念,虽非真如之本体,却是趋向真如之妙用。何以故?真如是清净心,佛念是清净念。同是清净,得相应故。所以念佛之念,念念不已,能至无念,故曰胜方便。此义前虽略说,以是要义,故复彻底说之。

极乐世界,亦是幻相,然而不可不求愿往生者,净幻非同染幻也。何以故?清净土,本由清净心显现故。所谓心净则土净也。当知净土净心,本来不二,但约摄受众生言,无以名之,强名曰土耳。求生净土,尚有多义,不可不明。今略说其最要者。

(一)在凡夫位,应舍染趋净故。凡夫分别心未除。若无趋舍,不能振作。此正前所谓随顺世间因果对待之理,令种绝待胜因,以克绝待胜果。乃佛法之妙用也。至生净土后,则供养他方诸佛,普度遍界众生,何尝住著净土之相。可知修因时,令舍染以趋净者,不过借为出生死海,满菩提愿之过程耳。

(二)亲近弥陀,成就信根故。由凡夫修至正定聚,须经无数劫。若不亲近佛,诚恐退心,此求生净土之重要原因也。

（三）行菩萨道，应现起庄严妙相之清净土，以救痴迷著相之苦众生故。尚应现起，何碍求生？且今之求生，正为速证无生，乃得现起无边净土也。

（四）二边皆不可著故。一切染幻，尚应空有不著，何况净幻。盖知心净则土净，不著有也。求弥陀之接引，不著空也。何以故？非仗他佛之力，自佛不易现前故。

（五）得体应起用故。二乘以有体无用被呵。故大乘修行，应体用具足。当知求生净土之义，质言之，即是求证净心之体，现起净土之用耳。盖一切众生见其往生瑞相，自然发起信心，所以求生净土，自利中，便有利他之用。不但亲近弥陀之后，能有现起无边净土之妙用已也。

（六）性体空寂，无相无不相故。念佛须念至一心不乱。至此，则念而无念，尚何心土染净之可说，无相也。而正当此际，阿弥陀佛与诸圣众，便现在其前，无不相也。由此可悟念佛义趣，与般若毫无异致。

（七）知一心作而无碍故。性相本来圆融。染幻尚无碍，净幻岂复有碍。凡曰有碍者，以其不知一切心造，取著外相故。若其知之，则不著不坏，性相圆融，一切无碍矣。

以上皆求生净土极要之义。知此，则知净土与般若，求生与离相，语别而义实无别。盖般若从空门入道者，乃是即有之空；净土从有门入道者，乃是即空之有。合而观之，正是空而不空，不空而空。故两门合修，正与如实空如实不空之本性相应。亦正是无相无不相之实相。舍此不图，岂非自误。

观上来所明离相离念之义，可知欲求不住六尘，其道无他，要在冥相忘怀而已。至于前云，将经中要句要义，存养咏味，此是用以观照遣执。所谓以幻除幻之法，与冥相忘怀，初无有碍。当知不应住，无所住，是但除其病，不除其法也。即色声香味触，供佛度众，乃至养此色身，皆不能废而不用。若能不著，何碍之有。当如是领会也。

上来所说提起正念，极有关系。恐或忽略，今再说明其理。当知提起正念，正是生心。而提正念，即所以息住相之妄念，正是生无所住心也。名为正念者，以其是根据各大乘经所说之理而来。故提此正念，便是观慧。具此正观之慧光，不但能息妄念，并令心不沉没。不似用他法而无观慧，纵令妄念暂息，而心中漆黑者，所可比拟也。

或曰：念即是观。故念佛念咒，皆能了生死见本性。若如适才所说，岂念佛念咒，皆不如提正念乎。曰：君言似是而非，由于知一漏万，以偏概全，于佛理未能融会贯通故也。当知密宗重在三密相应,意密便是作观。若但念咒,不知作观,只能得小小益处。求了生死见本性,则未能也。念佛亦然,上品生者,必须于第一义心不惊动,以其有观慧也。否则只能仗弥陀摄受之力,令得不退,免入轮回。此惟净土法门,有此特异方便,为一切法门所无。若欲见本性,必须花开见佛而后可。而欲花开,必须明第一义,智慧发生而后可。此所以中下品生者,生净土后,仍须勤修,动经尘劫。由此可悟观慧之要矣。

念即是观,固然不错。然必念中有观,方可曰念即是观也。即以观言,复有理观、境观之不同。理观者,依佛说道理而作观也。如上所提正念是也。既是依据佛理,则观之便能开其正智,故曰观慧也。境观者,依境作观也。此又有二:(一)圣境。(二)尘境。观圣境者,净土,如观极乐,观佛身相好,及《十六观经》中所说。密宗,如道场观,法界观,及观本尊,皆是。此等圣境,本由净心现起,便与净心不二,故观之能令妄想息,真心现也。至密宗之观阿字,此是观本不生义,乃观理,非观境矣。若观一切尘境,必须依佛所说,观其无常不净,遣而去之,乃是正观,亦为观慧。否则名为邪观。质言之,即不应观也。此等道理,不可不知也。以观理观境之义相通,故修密宗净土,若不能依其本宗作观,便应常提正念以补助之。更当多读大乘,开其观慧如前次所说是也。此理尤不可不知也。

至于平时修行,若但修般若,诚恐见理少有未圆,落于偏空而不知。尤虑其心怯弱,或致退失于不觉。若但修念佛,不但生品不高,且恐未能一心。何以故?不知离相,必住六尘。心有尘扰,岂能一心!故莫若离相与求生,合而修之。念佛,生心也。离相,无所住也。此心虽空空洞洞,却提起一句佛号,正是生无所住心也。妙莫妙于此矣!稳莫稳于此矣!

前言离相与求生,语别义无别。无别之义,可片言而明之。曰:离相是并离非法相,求生原为证无生,岂有别乎?但般若是开空门,以除著有之病,故但曰离相。净土是开有门,以除偏空之病,故但曰求生。此语言上所以不无差别耳。离相求生同修矣,而前说之行解方便,仍当同时并进。若解之一面,得其方便,则可以增智慧,养道心。若行之一面,得其方便,则喜怒哀乐,或不致牵动主人翁。亦不致矜张急躁,自是自满。不然,正念必提不起,千万勿忽。

以上所说一一做到,修行之能事尽矣乎?远哉远哉!以静中虽有把握，动中或不免慌张。故平时修，起心动念时修，之外，更须于对遇境缘时用功，以历事而练心焉。且上来所说，只是修慧，而未修福。当知慧是前导，福为后盾。大白牛车，须具福慧二轮，乃能运到彼岸也。若不修福，既未与众生结缘，虽成菩萨，众生不能摄受也。况福不具足，便是慈悲不具足。菩提心以大慈大悲，自觉觉他，平等不二，为本。若不广修六度万行，菩提心既已欠缺，般若正智，亦未必能开。何以故？但修慧不修福，仍是我相未除。既不平等，又不慈悲，诸佛未必护念。势必障碍丛生，欲修不得故。此所以又说下科，应不住以行布施也。

（寅）次，结成无住布施。分二：（卯）初，结不应；次，结成应。

（卯）初，结不应。

"是故，佛说菩萨心不应住色布施。

"是故"二字，承上文来。其语气，紧蹑若心有住则为非住。既是有住则非，所以心不应住。亦即结成经初，不应住色声等布施之义也。但引不应住色一句者。色者，色相。举一色字，便赅摄一切境界事相，不必列举矣。意若曰：由是有住便非之故，所以我前有，菩萨于法应无所住行于布施，不应住色等布施之说也。盖指示闻法者，须将若心有住则为非住之义，以证经初所说，则其义自明。

但举不应住色布施一句，复有深意。盖色即是相。举此为言，正与上文应离一切相发菩提心相呼应。使知所谓离相者，是应离其心中执著色声香味触法之相，并非应离布施六度之法也。经初说不应住色布施，其上原无心字。今特加一心字者，又是与上文数心字相呼应。使得了然，所谓发菩提心者，即是发六度心耳。且使了然，所以不应住六尘生心者，正为行布施六度耳。然则心不住尘，并非沉空滞寂可知。所以前来既说不住，又说生心，且曰应无所住而生其心也。更可了然，既是心不住尘，正为广行六度。则当其行六度时，亦应心不住尘可知。所以今文又曰：应生无所住心也。得此一句，前说诸义，弥复参伍错综，七穿八透。世尊如是而说，无非欲使闻法者，得以融会贯通，深解义趣，以便观照得益耳。

总之，菩萨心不应住色布施，是紧承有住则非来。而有住则非一语，原是反显应离相而发心。故说此科，亦是为阐明离相发心之义者。盖除布施六度外,既无菩提心之可发。若心于色尘等相,一有所住。其心便已为境所转。则布施等功行,必不能圆满。尚得谓之发菩提心乎。故应不住六尘,离一切相。乃得广行六度,利益一切众生,圆满其所发之菩提心耳。下科菩萨为利益云云,正对此点畅发其义也。"佛说"二字,亦有深意。佛者,果德之称。菩萨行满,名为成佛。欲知山下路,须问过来人。今曰佛说,使知心不应住色布施,乃经验之谈,非同理想。发大心者,应如是信解受持也。菩萨即指发菩提心者。经初菩萨摩诃萨,是其前例。

说至此处,更有要义,不可不明。其义云何?长老问应云何住?世尊乃答以应无所住,其命意果何在耶?至于无住为本经主要之旨,所谓无住则离相,离相则证性。此等道理,上来已详哉言之。今曰命意何在?盖就针对问意处说耳。

长老之问,意在得一安住其心之方也。而世尊启口便曰:应无所住。直是所答非所问。岂竟无其方耶?抑亦不应问耶?非也。非所答非所问也,乃不答之妙答耳。何以故?一切无住,正是安心之妙方故。何以明其然耶?法与非法,一切不住,即是离一切相。一切相离,即是不为境转。不为境转,则其心安住而不动矣。非不答而答之妙答乎。

然虽不显言以答。而前则曰：但应如所教住。今则曰：若心有住，则为非住。一正一反，已将命意所在，逗漏不少。我前释如所教住之义，曾曰：是为不住而住，亦即住于无所住。此两语，正明其于相不住之时，即是其心安住之时。故曰不住而住，住于无所住，非茫无边际语也。前释则为非住之义，又曰：即是非如所教住。盖因其不能如所教之无住，而住于六尘，则其心便非安住不动，故曰则为非住也。既为非住，是其无住之观已破矣。则所修之布施等行，亦必不能广大无边。故此科紧承其义，而正言以明之曰：是故佛说菩萨心不应住色布施也。异常警策，异常醒透。总以明上来于发心、于作观、于修行、皆教以应无所住离一切相者。以不如是，则心合于尘而不安住。其所发之心，所作之观，所修之行，皆成虚语矣。此佛答应无所住之真实义也。今乘此处文便，彻底说之。

上来未说者，遵佛密意故。当知必一切无住，而后得所安住。必始终无住，而后法身常住。且并法身亦不应住，故曰不住涅槃。小乘因住涅槃，名曰有余涅槃。故必并涅槃而不住，乃是入无余涅槃也。由是可知，若闻得所安住而生住想，则终不得安住矣。此佛之所以不显答也。不然，前文何不曰：但应如所教而得安住，岂不明甚。然而只将住字微微一点，不肯说煞者，无他，以众生处处著故，闻住必生住想故。所以说经者，于此等处，亦应遵佛密意，不可轻道。然此义，又不可终秘。故世尊于答住时，虽不显言，却于他处为之点出。前后共有三处。其中两处，语意最明。如上来云：离相乃能忍辱。及经末云：不取于相，如如不动。忍也，不动也，皆安住义。必离相而后可。岂非于相不住，心得安住之义乎。故今亦彻底一说。使知问答实是针锋相对。当静心领会佛说之深旨，一切无住，始终无住也。

禅宗二祖，问安心法。初祖曰：将心来与汝安。曰：觅心了不可得。初祖曰：与汝安心竟。此与本经问答之意正同。当知应无所住者，因其了不可得也。会得了不可得，则安心竟矣。

无著菩萨《金刚经论》中，曾点醒此意。如说降伏其心一科之义，为利益深心住，亦曰发心住。说应无所住行于布施一科之义，为波罗蜜相应行住，是也。此正菩萨深解义趣，故敢作如是说。论中不曰住发深心，住相应行。而将住字置于其下，其意甚精。正明因修无住，而后所发之深心，所修之相应行，得所安住耳。兹亦乘便引而说之。如读此论者，误会为住著发深心,相应行,则大违经旨矣。亦绝非论意也。由是可知,《大般若经》所说,不住一切法,即是住般若。亦是显明一切法不住,即是般若正智安住不动之义。不然,不得曰一切不住即是住也。下文不信一切法是名信般若之义,更深。信者,不游移之谓。不游移者,安住之谓。此明并安住亦不住,是名安住也。此等处差之毫厘,谬以千里。不可仅泥眼前文字,当统观全旨,静心领会乃得。前云必须融贯众义,方能通达一义,是也。

(卯)次,结成应。分二:(辰)初,总标;次,别明。

(辰)初,总标。

"须菩提!菩萨为利益一切众生,应如是布施。

上科说不应住色布施,恐不得意者,误会但不应住有。故复说此下数科,使知是空有两不住也。

流通本,一切众生下,多一故字。古本皆无之。

"如是"二字,指下文。"为"字读去声,此字要紧。盖名为菩萨者,因其发菩提心。发菩提心,所为何事乎?为利益一切众生耳。既为利益一切而发心,便应如下文所说者以行布施。何以故?若不布施,与众何益。若不如下文所说,又岂是布施波罗蜜。则少少众生,且不能利益,况一切众生。尚得曰:为利益一切众生发菩提心乎。此经初所以说,若有我人四相,即非菩萨也。由此足证一切众生之下,实无故字。盖名为菩萨,正以其能为利益一切众生而发心,若加一故字,则菩萨是一事,为利益一切众生又是一事,语意一齐松懈矣。

为利益一切众生,应如是布施,含有二义:

(一)是应如下文所说之离相,行其布施。因离相布施,方能摄受无量无边众生,利益一切也。此与经初所云,灭度无量无数无边众生意同。然经初是令发利益一切众生之大愿,以离我人等相。此中是令离能施、所施等相,以成就所发利益一切众生之本愿。前后两义,互相助成,缺一不可。

(二)是应以如下所说之法,布施一切众生,令皆得福慧双修,展转利益。皆知离一切诸相,成菩萨成佛。如是布施,是为真实利益。此发心者之本怀,亦佛说之本意也。何以故?一切布施中,法施为最故。此与经初所云,所有一切众生之类,皆令入无余涅槃,意同。然经初但令发度众成佛之愿。此中是令实行度众成佛之法施。兼以补发经初"应无所住,行于布施"中未及之义。总之,此总结前文中两大科,皆是就前说之义,加以阐明,令更圆满。故标曰结成也。

布施者,舍己利他之行也。佛法中不但布施是利他。一切行门,其唯一宗旨,皆为利他。故举一布施,摄一切行门尽。当知本经主要之旨,在于无住。无住主要之旨,在于遣执破我。而舍己利他,又遣执破我之快刀利斧也。故于观慧则发挥无住。于行持则独举布施。以示观行二门,要在相应相成。必应如是奉持,方是发菩提心,方能证菩提果。

菩萨发心,原为自度度他,自他两利。而经初但令度所有一切众生,而不言自度。此处亦但说菩萨为利益一切众生,而不言自利者,大有深意。此意前曾说过,然无妨重言以申明之。当知众生之所以成众生,由于执我著相。故发心修行,只应存度他之心,利众之愿,以破其无始来执我著相之病。此正转凡成圣之要门也。故不言自度自利。而自度自利,已在其中。换言之。度他正所以自度,利众正所以自利。佛法妙用,正在于此。一切佛理,皆应如是领会:如但教以一切不住。而其心安忍,如如不动,便因是而成就。但令看破五蕴色身,除贪嗔痴,而色身却因是而康健安乐。但令修出世法,而世间法亦因是而日臻治理。盖多数人能知发菩提心,行菩萨道。上者可以转凡成圣,中者亦成大仁大智,下者亦是善人君子矣。则书籍所称五帝三皇之盛,不是过也。乃不信者皆以为厌世,信者亦认为与世法无涉,辜负佛恩,莫此为甚。是皆未明佛理之过也。故发大心欲宏扬佛法者,首宜将此义,尽力宣说,彻底阐明,俾大众渐得明了,多入佛门。则化全世界为大同国,化尽法界为极乐邦,亦不难也。愿与诸君共勉之。总而言之,佛法,皆是说这面就有那面,做那面就是成就这面。不但双管齐下,直是面面俱圆。所以说世间好语,佛说尽也。所以华严会上,诸大菩萨赞叹曰:天上天下无如佛,十方世界亦无比,世间所有我尽见,一切无有如佛者也。

(辰)次,别明。

"如来说:一切诸相,即是非相;又说:一切众生,则非众生。

诸相非诸相,众生非众生。此与前说我相即是非相等等,语义正同。今之说此,是令行菩萨道者,应知一切诸相,一切众生,当其有时,便是空时。所谓有即是空,空即是有。

应如是空有二边俱离。乃能利益一切众生也。如来说者,约性而说也。性本空有同时。而一切诸相,一切众生,皆不离此同体之性。皆是同体之性所现。故莫不有即是空,空即是有也。有即是空、空即是有之义,前已屡说。然此是般若主要之义,若非彻底明了,一切佛法,便不得明了。所有观门行门,种种修持,便不能得力,故今更详析说之。

当知一切法,莫非因缘聚会时假现有相。所以缘聚则生,缘散便灭。且不必待其灭而后知也。正当聚会现有之时,亦复时起变化,无常无定,可悟其并非坚固结实,实是幻现之假相。此之谓有即是空。而凡夫不明此理者,误认为实,遂致取著有相,随之流转。此轮回之因也。佛眼则见透此点,而知一切法有即是空,故令不可著有也。即复知得一切法所以有种种不同之相者,是随业力而异。因其造业随时变动,故境相亦随而变化无常。然而造如何因,定现如何果。所有境相之好丑苦乐,莫不随其业力之善恶大小而异。业力复杂,现相亦复杂;业力纯净,现相亦纯净,丝毫不爽。此之谓空即是有。而凡夫不明此理者,拨无因果,遂致取著空相,无所不为,此堕落之因也。即不如是,而如小乘之偏空,则又有体无用。佛眼则见透此点,而知一切法空即是有,故令不可偏空也。

不但此也,即复知得业从何起,起于心之有念也。念必有根,根于同具之性也。念与业时时变异。惟此同具之灵性,则自无始来,尽未来际,不变不异,实为一切法之主体。然而有体必有用,有用必有相。此相之所以虽为幻有,而又从来不断也。因其幻而不断,所以既不应著有,又不应著空也。且既知相由业转,业作于心。则知一念之因虽微,其关系却是极大。所以令学人应于起心动念时,观照用功也。又知心念之起,由于未达一真法界,故取相分别。然而性体本无有念。若非返照心源,岂得断念以证体。所以令学人当背尘以合觉,反妄以归真也。

以上甚深微妙道理,非佛开示,谁人能知?若不信佛,如法受持,又谁能明了?因此一切众生,自古至今,多在迷中,造业受苦。故为利益一切众生发菩提心者,应知相即非相,生即非生;既不著有,亦不著空。如是空有双离,以行六度万行,乃能利益一切众生也。何以故?住相布施,易退道心故。著有是住相,著空亦是住相故。故应空有双离也。更应以此相即非相,生即非生道理,普告一切众生,令皆知修二边双离之因,证寂照同时之果。是为究竟之利益,菩萨应如是布施也。本科开口曰如来说者。正是指示发大心者，如是空有双离，以行布施。布施此空有双离之妙法。则自他皆得离相见性，断念证体，同归性海。其利益之大，不可思议。何以故？是如来说故，其法与如来性德相应故。

一切诸相，一切众生，有种种义。向来各书，多因文便，拈一二义以说之。若不知其种种义，则只明其当然，而不明其所以然。便恐因所见之书不同，致生抵触。今当荟萃众义，分析而详说之。则闻此一席之话，无异十年读书，想为诸君所愿闻也。此种种义，有常见者，有不常见者，有推而广之者，概括为四条如下。

（一）相者，相状。谓有生之类之相状也。相字，不但指外形之状况言，兼指内心之状况言。有生之类，如经初所言，若卵生、若胎生、若湿生、若化生、若有色、若无色、若有想、若无想、若非有想非无想，是也。无色一类，但无业果色耳，仍有定果所现之微妙色身。为有色界以下，目力所不能见，故曰无色。而佛眼、菩萨法眼、罗汉慧眼，皆能见之。世尊示入涅槃时，无色界天人，泪下如雨。若无色身，云何泪下。如是种种有生之类，其色心相状，差别亦至不一矣，故曰诸相。再细别之。每一类中，相状又有种种差别。如外形之肥瘦好丑,内心之善恶智愚。推之,如《行愿品》所言,种种寿量,种种欲乐,种种意行,种种威仪,则千差万别,何可算计,故曰一切也。然而如是一切诸相,在俗眼观之,宛然现有之时,而道眼观之,则知其莫非色受想行识五蕴假合,变现出种种有生之相耳。除五蕴变现外,实无种种差别之相可得。经中所以言当下即空,又曰生即无生也。故曰一切诸相,即是非相,重读下句,下同。此明生空之义也。此是约有生之相状,生即无生言,故曰生空。

众生者,众,谓五蕴。三数成众,蕴既有五,故名曰众。由五蕴众法假合,而后有生,故名众生。而四生胎、卵、湿、化。六道天、人、修罗、地狱、鬼、畜。之众生,莫非由此五蕴法假合而生,故曰一切众生。普通所说众生之义,皆是指千差万别众多生类而言。此乃一切众生之义。非众生二字,命名之本义也。何谓五蕴假合?当知不但有生之类,是由五蕴法和合,假现生相,本来无实已也。即五蕴众法之本身,亦由其他众法和合,假现成此幻相,亦本非实,故曰五蕴假合。何以言之。如色蕴,乃地水火风四大之所变现者也。则色蕴之为假合可知。若细勘之。四大又何一非假。至于受想行识四蕴,受者领纳,想者忆念,行者迁流,识者分别、含藏,皆妄心也。

何名妄心。因其是由无始来，种种计较，种种取著，积无数之业力，执持不断，因而现起受想行识之种种动作耳。自性清净心中，那有此物。则此四蕴之为假合，亦可知矣。然则不但五蕴之众，本来非众。即假合成五蕴之其他众法，亦复众而非众。则生本无生，岂不洞然。经中所以言当体即空也。故曰一切众生则非众生。此明法空之义也。此约五蕴众法，当体即空言，故曰法空。由此可见五蕴二字含义之精妙矣。蕴者聚集义，荫覆义。正明色受想行识五者，为其他众法之所聚集，而有生之类，又为此五之所聚集，正所谓缘聚而生也。而一切众生，迷于一切诸相者，因从无始来久久为其荫覆障蔽。遂致执著，认以为实，造业受苦，无量无边。今既知之，便当破此障蔽，跳出牢笼。云何破？依此金刚般若离相遣执是已。盖明生空，所以破我执，离我相。明法空，所以破法执，离法相也。而一言及法，便摄非法。何以故？若执非法，亦是法执故。以执者之意中，是以非法为法故。故一言离法相，须将离非法相之意，并摄在内。如是说者，乃为佛说。如是知者，乃为正知。如是则并空亦空矣。生空、法空、空空，是为三空。具此三空之正智，名为金刚般若也。所以发大心者，不但要明生空法空之义，以离我法二相，方能破此障蔽,跳出牢笼。并须兼明空空之义,以离非法相,方能利益一切众生,所以菩萨心若通达诸相非诸相,则相虽有而心却空。既不受诸相之牢笼。正无妨显现一切诸相,度迷相之一切众生,而不生退怯。更通达众生非众生,则知众生性本空寂同佛。故誓愿普度一切入无余涅槃,而无众生难度之想。且度尽众生,亦无众生得度之想。何以故?众本无众,生本无生故。如此,方是为利益一切众生发心之菩萨。

(二)以第一条所说众生非众生之义,证明诸相非诸相之义。盖若知得五蕴法之本身,是由其他众法之变现,可见五蕴乃是假法。然则由五蕴变现之一切诸相,岂非假法中之假法。其为有即非有也明矣。故曰一切诸相即是非相。则此两句,亦是明法空义也。若知得一切众生之五蕴色身,皆是四大之所聚合,业力之所执持,清净心中皆无此物。由此可悟约五蕴变现言,固相相不同,而约自性清净心言,则无异无相。然则岂可昧同体之真性,执幻生之众相,分别我人众生耶!故曰一切众生,则非众生。则此两句,乃是明生空之义也。合之第一条所说,则相即非相,是正明生空,兼明法空之义;生即非生,是正明法空,兼明生空之义也。

(三)相者,我相人相众生相寿者相也。四相不一,故曰诸相。无论取著身相法相非法相，皆为著我人众寿，故曰一切也。而身相是五蕴假合。五蕴即已无实。若法与非法，更是假名。然而不无假名无实之诸相也。故曰一切诸相，即是非相。重读上句，下同。此明生空、法空、空空，所谓三空之义也。此义，当约行布施者说。故经初曰：菩萨于法应无所住，行于布施。又曰：应如是布施不住于相。反复说之，以示二边俱不住也。一切众生，仍如一二两释。然虽众本无众，生本无生，生空法空，但既为五蕴法假合现起，不无众生之幻相也。故曰：一切众生则非众生。此亦明三空之义。此义，当约受布施者说。因一切幻相众生，方为五蕴假法之所障蔽，不知是假非实。故此中令为利益一切众生发心之菩萨，应如是以有即是空、空即是有之般若法门，广行布施也。

（四）诸相，谓布施之人，所施之物。一切者，人是五蕴和合，物则品类繁多也。一切众生，如前释，谓受施者也。无论施者、施物、受者，莫非因缘聚合，现此幻有，故皆曰非。是之谓三轮体空。轮为运转不息之物，以喻施者、施物、受者，展转利益，不休息也。体空有二义：（一）谓此三，皆是幻有，当体即空。（二）谓此三，相体幻有，而性体空寂。若明当体即空之义，则能不著于相；若明性体空寂之义，则当会归于性。

发大心者，能如是以布施，其利益广矣大矣。

总上四释，皆以明有即是空，空即是有之义也。上文云应如是布施者，盖了得非相非生，则不滞有；了得相即非相，生即非生，则不堕空。不滞有故，虽布施而不住；不堕空故，虽不住而恒施。既二边之不著，复二轮之并运，是为布施波罗蜜。是故菩萨应如是修即相离相之三檀，利益一切无生幻生之众生也。

此科不但释成上来不应住色等布施之义，是空有两不住，兼以回映前文所说诸义，加以阐发而总结之。盖前文有云：凡所有相皆是虚妄者，以一切诸相即是非相故。前云：若见诸相非相，则见如来。又云：离一切诸相，则名诸佛。故今云应如是即相离相以行布施。以如是而行，则自度度他，同见如来，而名诸佛故，故曰利益一切众生。当知此语是并施者亦说在内。何以故？施者自己，亦众生之一故。且前文所云，不住相布施，及实无众生得灭度者云云，亦因是而其义愈明。何以故？前言不住相布施，其下即接明福德。前言无生得度，其语是明其当然。至此，乃一一阐发其所以然矣。盖相即非相，可见本无可住，故不应住。生即非生，可见众生入无余涅槃，只是复其本性，故无得度者耳。总之，得此结成两科之文，前说诸义，一齐圆成矣。故此总结之两科经文，应当铭诸肺腑，朝斯夕斯，勤勤咏味，有大受用在。

行布施等功行时，应如前结成无住发心科所说应门中道理，常作正念，以为警策。若于六尘少有偏著，应如前所说不应门中道理，常提正念，以自呵责。若少偏空，应依此中所说，提起正念曰：利益众生，是我本愿，奈何懈怠，只图自了，即此正是著我，我见是起惑之根，此根不除，又何能自了耶。更应常作凡所有相，空有同时想。众生是眷属，眷属是众生想。常作众生同体想。众生本来是佛想。

观行虽开二门，实则相应相成。试观前观门中，说应，说不应，应离一切相发心，不应住色生心等。此行门中，亦说应，说不应。观文可见，不具引。前说有住则非，此亦说空有不著。相即非相，生即非生之说，是令体会此义以行布施，而得二边不著也。其语意，处处紧相呼应。何故如是？若有观慧而不实行，则等于空谈；若但实行而无观慧，则等于盲修。二门既相助而后成，所以观、行必须相应也。由是可知，观、行不但不可缺一，亦复不可偏重。且由是可知，观、行两门中所说道理，必应一一打通，贯串而融会之。如是而观时，便如是而行；如是而行时，便如是而观。少有偏住，则为非住。可以故？不相应故。

是为要着,当如是知。

(丑)次,正明真实。分二:(寅)初,明说真实;次,明法真实。

(寅)初,明说真实。

"须菩提!如来是真语者,实语者,如语者,不诳语者,不异语者。

此次正明真实一科,是明上来初总结前文一科中,所说无住发心,无住布施诸义,皆由亲证而知,真实不妄以劝信也。

真者,所说一如,即不异之意。实者,所说非虚,即不诳之意。若配法言之,真谓真如,实谓实相。是明上来所有言说,一一皆从真如实相中流出,故曰真语者,实语者。既语语与真如实相相应,故为不诳语者,不异语者也。既曰真语,又曰实语,并非重复,具有精义。

当知真如之名,表性体之空寂也,乃专约性体而立之名。盖真者,非虚妄之意,明其非相也;如者,无差别之意,明其无我也。故上来说有我人等相即非菩萨;说凡所有相,皆是虚妄；说无我相、无法相、亦无非法相；说若心取相，无论取法取非法，皆为著我人众寿；说应离一切相；说离相名佛，如是等等一空彻底之语，是之谓真语者。意在令人，依如是语以修观行，则离相忘我，乃得契证无相无我空寂平等之真如也。

实相之名，表性德之如实空、如实不空也，乃兼约体相用而立之名。盖实者，非实非不实之意。明相虽非体，然是体之用，用不离体也。相者，无相无不相之意。明体虽非相，然体必起用，用不无相也。故上来说无众生得度，而又度一切众生；说于法应无所住行于布施；说不应取法不应取非法；说则非，又说是名；说应无所住而生其心；说应生无所住心，如是等等，空有二边，双遮双照，双冥双存之语，是之谓实语者。意在令人依如是语以修观行，则合乎圆中，而得契证有体有用寂照同时之实相也。

既曰不诳语，又曰不异语，亦各具深义。盖众生迷真逐妄久矣，闻此真语实语，一定惊怖其言，以为河汉，望而生畏。故谆切以告之曰：不诳语者，所谓佛不诳众生也。又恐闻者未能深解，以为何以忽言非、忽言是，其他自相违反之语，甚多甚多。或有先闻不了义者，必又怀疑何以此经所说又复不同。故更叮咛而告之曰：不异语者，所谓虽说种种乘，皆为一佛乘也。

何谓如语？是明所有言语，皆是如其所亲证者而说之也。故五语中，如语为主。使知真语实语，皆是亲证如此。绝非影响之谈，何诳之有。言有千差，理归一致，何异之有。殷殷劝信，苦口婆心，至矣尽矣。若不配法说之，犹言凡我所说，既真且实。因其皆是如我自证者说之，故语语决不相诳，语语皆与自证者不异也。首举如来为言者，正明语语是从性海而出，语语皆与性德相应之意。次第安五者字，正是指示语语确凿。一切众生，不必惊，不必怖，不必畏。但如是信解受持，为他人说，决定皆能如我之所亲证者而证得之。故下科复约证得之法言之，以示其真实，而劝信焉。

（寅）次，明法真实。

"须菩提！如来所得法。此法无实无虚。

此科著语不多，而义蕴渊涵，当知此是如来所证，不但凡夫莫测高深，即菩萨亦未能洞晓，直是无可开口处。然则云何说耶。惟有如长老所云：解佛所说之义耳。然而义蕴渊涵,渊则其深无底,涵则包罗万象。欲说明之,亦极不易。必须一一分疏而细剖之,逐层逐层说来,或可彻底。听者亦应逐层逐层,一一分疏而细剖之,务令析入毫芒,不得少有含糊。然后修观、行时,方不致含糊而能亲切,方有功效之可期。不然,便是笼统真如,颟顸佛性也。且不但应析入毫芒,尤应融会贯通。然必先能析入毫芒,乃能融会贯通。当知析入毫芒时,虽是在析义理,其实已在观心性矣。如上所说,是闻思修的窍要,诸君勿忽。

如来所得法,此一语便须善于领会。不然,一定怀疑。今假设问答以明之。问曰:如来者,性德之称。既是约性而说,则湛湛寂寂,无所谓法,更无所谓得。且前明世尊在然灯佛所,彼时方为八地菩萨,尚且于法实无所得。今曰如来所得法何耶?答曰:君言诚有理。然以此理疑此语,则大误矣。误在但看一句,而不深味下文也。当知下文"此法"二字,正指所得之法。其法却是无实无虚。无实无虚者,形容性德之词也。然则所得之法,正指性言,岂谓别有一法哉!由是可知如来所得法一语,犹言称为如来者,以其证得无实无虚之性耳,岂谓别有所得哉。况所谓无实者,正明其虽得而实无所得;所谓无虚者,正明其以无所得故而得证性。则虽说得说法，亦复何碍。何以故？法是指性而言，得乃证性之谓。非谓成如来后，尚复有得有法。故无碍也。若误会为如来有所得法，便非无实矣。且少有所得，便是法执，岂能成如来，则亦非无虚矣。可见佛语本自圆融，要在统观全旨，静心领会，当如是知也。此中已将无实无虚之义，说了两种。一是形容性德之词，性何以无实无虚，下当说之。一是形容得性德之词。所谓有得则不得云云是也。当细细领会之。不但如来所证，为无实无虚。试观前明四果中所说，皆是有所得便不得，若无所得而后乃得，则皆是无实无虚也明矣。故前云：一切贤圣皆以无为法而有差别，正明其同为无实无虚，无实无虚，即不生不灭，下当说之。但有半满之不同耳。半者，不圆满也。小乘半，菩萨满。菩萨半，佛满也。总之，如来是性德之称。无实无虚，乃性德之容。此科语意，盖谓如来所证之性，无可名言。姑为汝等形容之曰：无实无虚而已。性德何以无实无虚耶？当知无实者，所谓生灭灭已故，凡情空。所谓无智亦无得故；圣解亦空。无虚者，所谓寂灭现前故，体现。所谓能除一切苦故。用现。质而言之，无实无虚，犹言寂照同时。寂则无实矣，照则非虚矣。不但如来如是，即约凡夫妄心言，亦复无实无虚也。觅心了不可得，岂非无实乎。介尔一念，具十法界，岂非无虚乎。由是可知凡圣同体矣。但因凡夫执实，而不知无实，故不能成圣。小乘又执虚，而不悟无虚，故不能成菩萨。一类菩萨能无实无虚矣，复不能虚实俱无，故不能成如来。然而毕竟以同体故，故能回头是岸。佛云：狂心不歇，歇即菩提。吾辈其孟晋哉。一切众生其速醒哉。

无实无虚，与不生不灭义同。本自无生，故曰无实。今亦无灭，故曰无虚。亦与有即是空、空即是有，义同。何谓无实，有即是空故。何谓无虚，空即是有故。亦与空有同时义同，以其有即是空，空即是有，故曰空有同时，故曰义同也。若彻底言之，空有同时者，空有俱不可说也；无实无虚者，虚实俱遣也。虚实俱遣，正心经所谓以无所得故，菩萨依之而得究竟涅槃，诸佛依之而得阿耨多罗三藐三菩提之意。故曰：如来所得法，此法无实无虚也。此语是明如来证得之性，此性虚实俱不可说。何以故？虚实犹言空有。空有不可说者，寂照同时也。寂照同时，正是无上正等正觉，此之谓如来。以上先将无实无虚平列说之者，以明有体有用也。今又彻底说之者，以明体为用本，得体乃能起用也。两层道理，皆应彻底明了。以有体必有用故，此本经所以既令不著，又令不坏。学人必应如是两边俱不著也。以得体乃起用故，此本经所以令空而又空。学人必应如是离一切相,一空到底也。

当知开经以来所说诸义,皆无实无虚义也。何以故?凡所言说皆是如语故。兹略引数语以明之,他可类推。如曰:诸相非相,相皆虚妄,不可取不可说,法与非法俱非等等,凡属则非一类之义,皆依无实义而说者也。如曰:是名诸佛,则见如来,诸佛及法从此经出等等,凡属是名一类之义,皆依无虚义而说者也。总之,知得无实,则知性本空寂,故须遣荡情执;知得无虚,则知因果如如,故应如所教住。何以故?如来既如是而证,菩萨必当如是而修故。故得此一科,上说诸义,更添精采。不但此也,上科五语,亦因此科而愈足证明。上云如语,谓如其所证者而语也。所证果若何耶。今曰无实无虚。无实无虚者,无相无不相之义也,故说实语。亦相不相俱无之义也,故说真语。真语皆如其所证,其为不诳语不异语也明甚。

无实无虚,语虽平列。然世尊言此,意实着重两"无"字。教人应彻底作观,虚实俱遣也。盖如来所得,固为无实无虚。而无实无虚,实由虚实俱遣得来。若存有无实无虚,便是法执,岂能无实无虚哉。故必应遣之又遣,方能证得空寂之性体也。

然则学人云何着手？当知世尊言此，是教人当以无实成就无虚。是为虚实俱遣之著手方便也。何以言之。无实者，不执之意。执则固结不解矣。固结者，实义也。无论境之为实为虚。苟有所执，虚亦成实。若一切不执，则虚实俱遣矣。此意，观之上下文，可以洞然。上文云：信心清净则生实相。此是无实无虚之好注脚。心清净，无实也。生实相，无虚也。而实相之生，由于心之清净。则无虚当由无实以成就之也明矣。故前云：离一切诸相，则名诸佛。又云：应离一切相发心，应空有不住行布施也。故下文云：住法布施，如人入暗。不住布施，日光明照。乃至最后一偈，令作梦幻等观也。故本经全部主旨，在于应无所住也。然则世尊言此之意，是令以无实之观，成就无虚之果，岂不昭然若揭也哉。

无实观者，即最后所云，观一切法如梦如幻是也。常作此观，执情自遣矣。此是破一切凡情之总观要观，万不可须臾离者。当知如梦等观，说在最后者，是用以总结全经，则全经处处皆应作此观也明矣。则又何能拘泥次第之说，而不于此处说明之乎。

何故在此处说明？因此处文便，不能错过故也。且此处必应将此总要之观说出，更有三要义。今再次第说之。（一）

此正明真实之文,正承上无住发心,无住布施之义而来。而紧接其下者,又极言住法之过,不住之功。可见此处,正是上下文之过脉。若不将此不执之义点明,便不成其为过脉矣。何以故?与上下文所明无住之义,不联贯故。(二)况此处所说,既是明其自证,则更不能不将修法点明。何以故?世尊所以明自证如是之果者,意在令学人修如是之因故。然则若但说平列之义,而不将此义说出,学人云何著手耶!(三)所以说自证之意,不但如上所云。盖意在令闻法者,得以明了全经所说皆是自证如此。证得确凿,绝非理想。故不必惊疑怖畏。故不可不信解受持。故持说一四句偈等,便有无量功德,胜过以恒沙身命布施者。此世尊说自证之最大宗旨也。然则若但有平列之义,而无彻底之义者。换言之,即是以无实成就无虚,的示学人用功方法之义。则闻者,亦但知得自证之境界,而仍不知自证之方法,则又何足以彻底除人疑情乎。

综上说种种义观之,则世尊说此,意在令人既知其自证之境界,并知其自证之方法也明矣。然则闻法者,乌可不如是领解;说法者,乌可不如是阐发乎。

然而此义,非深心体会,必致忽略。前云义味渊涵,不易说,不易解者,正指此而言也。或曰:如是作观,不虑偏空乎。

答之曰：此似是而非之言也。当知修观必应彻底。若不彻底，执何能遣，相何能离。且上下文皆以布施对举，则是观行并进，尚何偏空之有。况世尊于上下过脉中忽发此义者，正以阐明上下文应离相，应空有不住之所以然。使知必应离相无住以行布施者为此。云何能离，云何能无住，其方法如此。乃是上下文之紧要关键所在。则说此正是成就其广行布施利益一切之本愿，并非仅仅令作此观，何虑偏空耶。

观上来所说，除融贯本经，及其他各经，种种义外，可知佛说此无实无虚一语，最要之义有三：（一）是形容性德。（二）是形容云何得性德。（三）是形容云何修性德。理、事、性、修、因、果，罄无不尽。故此一语也，不但将本经所说道理，赅括无遗。并将所有小乘大乘佛法，一齐赅括无遗。何以故？一切贤圣，皆以无为法而有差别故。无实无虚，正所谓无为法也。

不但此也。一切凡夫心相，一切世间法相，一切因果法相，亦莫不赅括无遗。因此种种相，皆是有即空，空即有，则皆是无实无虚也。此正《法华经》所谓，如是相、如是性、如是体、如是力、如是作、如是因、如是缘、如是果、如是报、如是本末究竟等也。此之谓诸法实相。故此一语，真乃大乘法印。

法印者，一一法皆可以此义印证之，而不能出其范围之外。故曰其深无底，包罗万象也。

（丑）三，重以喻明。分二：（寅）初，喻住法之过；次，喻不住之功。

（寅）初，喻住法之过。

"须菩提！若菩萨心住于法而行布施，如人入暗，则无所见。

此科是明执实，则布施之功德全虚也，正是无实无虚反面。由此下二科语意观之，更足证明无实无虚一语，不止说以明证得之境界，实兼说以明证得之修功矣。法字即经初于法应无住之法，谓一切法也。一切法，不外境、行、果。境者，境界，即五蕴、六根、六尘等；行者，修行，即六度等；果者，果位，即住、行、向、地，乃至无上菩提，亦兼果报，如福德、相好、神通、妙用等。然就六度等行言之，便摄境、果。盖行六度而自以为能行，此住于行也；若行六度而有名誉等想，便是住境；若行六度而心存一有所得，便是住果。无论心住何种，皆为住法。此处法字，不必摄非法言。因经文既是就行布施立说,是已不取非法矣。当知六度万行等法,因缘聚合,乃能生起,既是缘生之法,可见当体即空,非实也。然行此六度等法,而得自他两利,非虚也。是故菩萨既不应舍六度之事不为,而落虚;亦不应有六度之相当情,而执实。执实则心住于法矣!前云:若心有住,则为非住。故有入暗之过。暗则一无所见,言其仍在无明壳中也。岂但性光不能显现而已。永嘉云:住相布施生天福,招得来生不如意。盖不知观空,必随境转。生天之后,决定堕落。故曰此科正明执实,则功德全虚也。

入暗,喻背觉。既有法执,故背觉也。觉者,明义。背觉,则无明矣。故曰入暗。无所见,喻不见性。前云:若见诸相非相,则见如来。今不知缘生即空之理,执以为实,而取法相,岂能见性?故曰无所见。不言有目无目者,暗喻此人道眼未开,无明未破,有目亦等于无目,故不言也。盖此人以见地不明故,虽学大乘行布施,既是盲修,入暗。必生重障,无所见。故以入暗无所见譬之。当知学佛者,若道眼不开,势必处处杂以世情俗见,岂但六度行不好。且必增长我慢,竞起贪嗔,反将佛法扰乱,行得不伦不类,启人疑谤。直是于佛法道理一无所见,岂止不能见性而已。执法为实之过如此,吾辈当痛戒之。

（寅）次，喻不住之功。

"若菩萨心不住法而行布施，如人有目，日光明照，见种种色。

此科，是明知法无实，故不住著。则布施功德，便能无虚。正是说来阐发当以无实成就无虚之义者。使知如欲得我所得，当如此人也。如此阐义，明透极矣。如此开示，亲切极矣。如此劝信，恳到极矣。

有目，喻道眼。日光，喻佛智，并指此经。以经中所说，皆是佛之大智光明义故。见，喻见性。种种色，喻性具之恒沙净德。盖谓住法布施，则因执生障，何能悟见本性。若能心不住法，无实。而又勤行布施，无虚。是其人道眼明彻，有目。空有双离。虚实俱遣。真为能依文字般若，起观照般若者，则游于佛日光辉之中。日光明照。当得彻见如实空，无实。如实不空，无虚。具足体相用三大之性，见种种色。如佛所得也。其功德何可思议！即以生起下文，成就无量无边功德一科来。此是约无实无虚平列之义说之。若约虚实俱遣彻底义说者,心不住法,则心空矣,无实也。心空无实,则我人有无等等对待之相胥离矣,所谓虚实俱遣也,若能如是,便如日光明照见种种色。无虚也。其为以无实成就无虚,岂不开示分明也哉。

目目,亦可喻行人之正智。有目者,正智开也。正智既开,能破无明,故曰日光明照。无明分分破,便分分现起过恒河沙数性净功德,故曰见种种色。

住法布施,尚且如人入暗。然则住著根尘等境,而不行布施者,当入何等境界乎?不堪设想矣!兹将不行布施六度者,开为三类言之。上说者为一类。若心住于得好果报,而又不肯布施,痴人哉,此又一类也。其有于根尘一无所住,而亦不行布施,所谓独善其身者——以世法论,逍遥物外,亦殊不恶;然以佛法衡之,则是住于非法矣,依然法执。亦是入暗而无所见者耳。此又一类也。

若心住布施,而不行布施,世无其人。盖未有不行布施而反取著布施之理也。若不住行果,而不行布施,则其心住根尘可知,便与第一类同科。如是等辈,见地若何,前途若何,得此两科文所明之义,皆可推知,故世尊不说之也。

上来总结前文中两科,既将开经来要义加以阐发,融成一片。因接说明真实两科,证其所有言说,所有法门,莫非真实。以其皆是如其证得之法而说者也。乃又接说此喻明两科,更将证得之无实无虚,阐明其境界,指示其修功。前后章句,极其融贯,发挥义理,反复详尽。不但总结中,应离相发心,乃至有住则非,应不住色布施,等等要义,倍加鲜明。并为经初菩萨于法应无所住行于布施等文,作一回映之返光,令更圆满。盖经初但明不住行施之福,此中兼明住法行施之过,故更圆满也。且总结后,复得此两科作一余波。即以文字论,如龙掉尾,全身俱活,真文字般若也。所有经义,既已收束严密。故向下即结归持经功德以示劝焉。

(癸)三,结成。

"须菩提!当来之世,若有善男子、善女人,能于此经受持读诵,则为如来以佛智慧,悉知是人,悉见是人,皆得成就无量无边功德。

此如来印阐中之第三科也。初,印可一科,是印可长老信解受持,第一希有之说。次,阐义一科,是为惊怖般若望而生畏,不能信解受持者,阐明般若之空,乃是空有皆空。因而融会前来已说之要义,发挥应无所住之所以然。并明如是之说,如是之法,皆是如来亲证如此,莫非真实,不诳不异。故不明无住之旨,虽修六度,而无明难破,如人入暗。若明无住之旨,以行六度,则必破无明,如日明照。反复详尽,无义不彰矣。故此第三科,即归结到受持此经之功德,兼以回映离相名佛之义。无量无边功德,与则名诸佛义同。前半部义趣,至此可谓结束得周匝圆满之至,故标曰结成。结成者,结束圆满之意,亦结果成就之意。

当来,通指佛后。不言现在而举后世为言者,意在辗转宏扬此经,不令断绝,利益无尽。且以回映前来后五百岁之言,以斗争坚固之时,而能受持读诵此经,其夙根深厚可知。所以蒙佛护念,皆得成就。能字正显其出类拔萃,甚为希有。以人鲜能之之时而竟能,故如佛之所得者,而皆得焉。

受者,领纳义趣,即是解也。持者,修持,谓如法而行。又执持,谓服膺不失。既能如法而行,则必利益一切众生以行布施。故此中虽未明言广为人说,而其意已摄在内。

受,属思慧;持,属修慧;读诵,则属闻慧。对文为读,忆念为诵。先言受持者,其意有三:(一)受持是程度深者,故首列之。读诵,是程度浅者,故列于次。盖约两种人言。然欲受持，必先之以读诵。果能读诵，便有受持之可能。故皆得成就。(二)既能受持，仍复读诵，此约一人言也。闻思修三慧具足，精进不懈如此，岂有不成就者。(三)说此推阐无住一大科，意在闻者得以开解。故此成就解慧科文，结归到解上。受者，解也。而下极显经功为一大科之总结者，亦复先言受持。皆是明其已开圆解，则信为圆信，持亦圆持。所以为佛智知见，而得成就者，主要在此。则为如来以佛智慧，悉知是人，悉见是人。为者，被也，读去声。此句约事相言，有二义：(一)智慧，是光明义；知见，是护念义。谓是人深契佛旨，蒙佛加被也。(二)谓是人功德，惟佛证知。除佛智慧，余无能悉知悉见者。总而言之，人能受持读诵此经。若约理而言，其无明，则受真如之薰。为如来。其知见，则受佛智之薰。以佛智慧悉知悉见。故约事而言，皆得蒙佛如来加被，皆得成就无量无边功德。而曰知之悉，见之悉者，显其决定成就也。

皆得成就无量无边功德，正是回映前文，当知是人甚为希有，当知是人成就最上第一希有之法，等义。曰皆得者，无论僧俗男女，凡能受持读诵此经，无不如是成就。即不明义，但能读诵者，亦必得之，故曰皆得。何以故？果具有真实信心，至诚读诵。先虽不解，后必开解故。所以者何？般若种子已种,蒙佛摄受,决定开我智慧故。利益众生,为功;长养菩提,为德。功德二字,指自度度他,绍隆佛种言也,故曰无量无边。何以故?无量者,约竖言,历万劫而常恒故。无边者,约横言,周法界而无际故。此是诸佛,诸大菩萨,法身常住,妙应无方境界。今日皆得成就如是功德,明其皆得成菩萨,乃至成佛也。总以劝人必须受持读诵此经,便得悟自心性,无实无虚,远离二边。既全性以起修,自全修而证性耳。

(辛)五,极显经功。分四:(壬)初,约生福显;次,约灭罪显;三,约供佛显;四,结成经功。(壬)初,又二:(癸)初,立喻;次,显胜。

(癸)初,立喻。

"须菩提!若有善男子、善女人,初日分,以恒河沙等身布施;中日分,复以恒河沙等身布施;后日分,亦以恒河沙等身布施。如是无量百千万亿劫,以身布施。

此第五极显经功一大科,乃推阐无住以开解之最后一科,不但为推阐开解之总结,亦前半部之总结。而语脉则紧承上文生起。因上文言受持读诵此经，皆得成就无量无边功德。何故能如是成就耶？故极显经功以证明之。虽然，此一大科既是总结前半部，而前已三次较显矣。乃复说此以极力显之者，实因此经之义，不可思议。上虽较显三次，犹为言不尽意。故今乘上文文便，复彻底以发挥之。不过由上文引起，非专为上文也。

当知显经功，即是显般若正智。此智乃是佛智，所谓无上正等正觉。为我世尊历劫以来，为众生故，勤苦修证所得。即上文所说，无实无虚之法是也。今将此法和盘托出，而成此经者。为未见性者，示以真确之图案故；为指引众生到彼岸之方针故；为以亲身经验告人，俾有遵循故。盖怜悯一切众生，自无始来，冥然不觉，长撄苦恼，或因障重而不闻佛法，或虽闻而未得法要，则前障未除，后障又起，所谓因病求药，因药又成病，则坐在黑山鬼窟里，如人入闇，而无所见，有何了期。故精约前八会所说般若之义，而更说此经。真乃句句传心，言言扼要。能令众生开其始觉，以合本觉，而成大觉。果能信解受持，便如人有目，日光明照，见种种色。且明告之曰：诸佛及无上正等觉法，皆从此经出。则此经是佛佛传家法宝可知。我世尊因亟欲传授家宝，亟欲一切众生皆知此经利益之大，不可思议。正所谓开自性三宝，成常住三宝，能住持三宝者。就极低限度言之，亦足以启发善心，挽回世运。所以又复极力显扬此经功德，俾闻者生难遭想，生欢喜心，努力读诵，信解受持，皆得成就最上第一希有。此极显经功之最大宗旨也。

显经功中，先显能生殊胜之福。若不设一比喻，云何殊胜，便显不出。故假立一极大布施之福，以为后文显胜之前提，故曰立喻。初日分，中日分，后日分，是将一日分为三分，犹今人言上午中午下午之类。恒河之沙，极细极多，不可数计。劫者，梵语劫波，谓极长时间。今不止一劫，乃是百千万亿劫。复不止百千万亿，乃是无量之百千万亿劫。《华严经》云：阿僧祇阿僧祇，为一阿僧祇转。阿僧祇转阿僧祇转，为一无量。阿僧祇已是极长极多不可计算之数，又将此不可计算之数，倍倍增加而为无量，岂有数可说哉！则无量百千万亿劫，犹言无数劫而已。每日以一身命布施，已非凡夫所能为。况一日三时，每时亦不止一身命，乃是如恒河沙不可数计之身命。况不止一日、一年、一劫，乃是无数劫中，一日三时，以不可数计之身命布施。历时长极矣，布施重极矣，行愿亦坚极矣，此菩萨之行门也。其福德之大，亦岂可以数计，而不及闻此经而生信者，何故？此理下详。

（癸）次，显胜。分三：（子）初，约福总示；次，举要别明；三，结显经胜。（子）初，又二：（丑）初，闻信即胜；次，持说更胜。

（丑）初，闻信即胜。

"若复有人，闻此经典，信心不逆，其福胜彼。

不逆者，不违也。闻得此经，深信非依此行不可，便发起——如法行之之大心，是为信心不逆。即是发决定起行之信心。此中虽但言信，含有深解在。若非深解，决不能发此不逆之信心也。初发此心，固不如下之已经起行。然起行实本于发决定心。故发心时，其福便得超胜长劫布施无数身命之菩萨。此中福字，正指下文荷担如来，当得菩提，果报不可思议言。故非他福所可比拟。

（丑）次，持说更胜。

"何况书写，受持读诵，为人解说。

发心即胜者，正因其决定起行也。则已经起行后，其福更胜，自不待言。何况者，显其更胜也。书写者，为广布也。古无刻本，专赖书写，始得流传，故但就书写言之。如今日发心弘扬此经，无论木刻、石印、铅版，其功德与书写者同，非定要书写也。先之以书写者，明其如法发心，先欲度众。而先以此经度众，又明其发心即为绍隆佛种。受持读诵，虽若自度，实亦度他。因受持即是解行并进，而所行不外离相三檀。离相三檀，正为利益一切众生故也。读诵，亦所以薰习胜解，增长胜行，非为别事。为人解说，是行法施以利众。此经甚深，发心为众解剖无谬，乐说无碍，令闻者得明义趣，启发其信解受持之心也。此句说在后者，不能受持读诵，无从为人解说故。合而言之。是说此人既能传布此经以利众，复能依法实行以利众，更能广行法施以利众，足证其真是信心不逆。故初发此心时，便胜彼多劫布施无数身命之菩萨。

其所以胜之理，下文世尊自言之，即教义、缘起、荷担，三者俱胜故也。其义在下，今亦无妨说其概要，以便贯通。此经是极圆极顿法门，故曰教义胜。是为圆顿根机说，令佛种不断，故曰缘起胜。荷担胜者，试观此人信心不逆，便是机教相扣，非般若种子深厚者莫办，是其慧胜。书写受持，乃至解说，正是不断佛种，是其悲、其愿、其行，皆胜。悲智行愿，一一具足，故能荷担如来，是为荷担胜也。而彼长劫布施身命菩萨，虽难行能行，行愿坚固。然若不具般若正智，便只能成五通菩萨，终不能理智双冥，得漏尽通，而证究竟觉果，一不及也。既不具般若正智，自他皆不能达无余涅槃之彼岸，则无论如何苦行，皆非绍隆佛种之行，则利益生终有尽时，二不及也。

总之，般若是佛智，便是佛种，故为三宝命脉所关。况此《金刚般若》，文少义多，阐发义趣，一一彻底。若于此经不能信心不逆，则见地既不彻底。其悲、其愿、其行，又何能究竟圆满。且既不能信心不逆，自不能受持解说，广为弘扬。则佛法究竟义不明，佛种便有断绝之虞。此中关系，极其重大。则信心不逆之人，岂彼但知长劫苦行者，所能及哉！世尊说此，非谓不应苦行也。是明但知苦行，不具正智，则不能成究竟觉，不能绍隆佛种。而信心不逆，弘扬此经者，既能不断佛种；而又空有不著，则如彼苦行亦能行之裕如。此能者，彼不能。彼能者，此亦能。则孰为优胜，不待烦言矣。

由此观之，可悟观行二门，虽然并重，而以观慧为主。此般若所以为诸度母也。更可悟虽观慧为主，而观慧要在实行中见，经中处处以布施与无住并说即明此义。此般若所以不能离诸度而别有也。故一切佛，一切大菩萨，虽以大空三昧为究竟。然是于炽然现有时，便是大空三昧。非一切不行，而坐在大空中也。果尔，亦不得名为大空三昧矣。何以故？大空者，并空亦空故。是绝待空，非对待空故。此义紧要，正是般若精髓，务须彻底领会，彻底明了。

上来四次较显经功，次次增胜，当知非谓经义，前后有如此悬远之差别，实显信解有浅深之不同耳。此义前曾说过，然关系甚要，恐有未闻者。况又加入今次之较显。兹当并前三次，彻底明之。

如初次于生信文中，以一大千世界宝施显胜者，是就能生信心以此为实，乃至一念生净信者说。以明其既知趋向佛智，便是承佛家业。种殊胜因，必克殊胜果。将来便不止作一梵天王也。

第二次于开解文初，以无量大千世界宝施显胜者，是说在应生清净心后。是为成就最上第一希有之法者而说。以明人能信解及此，自他两利，是已成就无上菩提之法，则大有希望矣。故其功德过前无量倍。此处成就，非谓成就无上菩提，乃是成就其法，谓已了解之，修行之矣。不可误会。

第三次，于开解文中，以恒沙身命施显胜者，是说在阐明如何奉持之后，以明若能如是信解持说，则其功行更为鞭辟入里，何以故？不但知伏惑，且知断惑，可望证得法身故。故不以外财之七宝布施显，而以内财之身命布施显。

今第四次以无数劫长时无数命施显胜者，是说在深解义趣及自证之法后。以明其既能信心不逆，便不必经长时之苦行，便能如我所证得者，而证得之。何以故？上来犹未能一一如法。今则信心不逆，是一一如法矣。何以能一一如法？由其已开解慧，知非如此不可，故能坚决其心，实行不违，是已背尘合觉矣。正所谓初发心时，便成正觉之人也。见《华严经》。便具有成就无上正等正觉资格。下文所以曰荷担如来，当得菩提。故虽尚是凡夫，其功德已超过长劫苦行之菩萨也。当知世尊所以如是由浅而深，四次较显者。意在使人明了，有若何信解受持程度，便有若何功德，所谓功不唐捐。而宗旨则注重在信心不逆。何以故？若不发决定心，一一依教奉行，则不能荷担如来，不满世尊说经之本怀故。故一切学人，不但前半部约境明无住，应信心不逆。即后半部约心明无住，亦应信心不逆。方合世尊说此极显经功，及说此信心不逆之宗旨。故前云不过因上文生起，乘文便以发挥之耳。岂专为前半部，而说哉。当如是知也。

试观此一大科,是于上来诸义已作结束之后,特别宣说。其末曰:是经义不可思议,果报亦不可思议。此二语既以收前半部亦以起后半部。可见前后义趣,原是一贯。而中间所显教义、缘起、荷担、三胜,以及生福灭罪等功德,岂得曰:仅前半部有之,与后半部无涉乎。断无是理。则凡此一大科中所说,其为统贯全经也明矣。后半部之末云:于一切法应如是知,如是见,如是信解,不生法相。正与信心不逆相呼应。

或问曰:信心不逆,与《起信论》中信成就发心,是一是二? 答曰:论位则不一,发心则不二。当知论中是说十信位中修习信心成就,发决定心,即入初住。初住,乃圣位也。今不过初发决定依经起行之信心耳,信根岂便成就。既未成就,尚是凡夫。一圣一凡,相去悬远,故曰论位则不一。然而信成就者所发决定心,摄有三心。一者直心,正念真如法故。二者深心,乐集一切诸善行故。三者大悲心,欲拔一切众生苦故。今信心不逆之人,是信得信心清净则生实相,信得应生清净心,岂非正念真如之直心乎。又复信得利益一切众生,应空有双离,行布施六度,岂非乐集一切诸善行之深心,拔众生苦之大悲心乎。六度万行,是乐集诸善行。利益一切,是拔苦也。故曰发心则不二。何故凡夫发心便同圣位? 无他,蒙我本师，授以传家法宝故耳。可见此经，真是大白牛车。若乘此车，直趋宝所无疑。以上因恐有见起信论而发误会者，故特引而明之。

更有不可不知者，此经观行，极圆极顿。果能深解义趣，信心不逆，其为圆顿根器无疑。而圆顿人乃是一位摄一切位，谓不能局定位次以论之也。因其已开佛知佛见，岂但初发信心，能与初住菩萨所发心同，且可一超直入，立地成佛。惟在当人始终不逆，荷担起来，决定当得无上菩提也。

信心不逆中，既具直心、深心、大悲心。当知此三心，即是三聚净戒。盖离相发心，以正念真如，自无诸过，故直心便是摄律仪戒；离相修布施六度，以乐集一切善行；则深心便是摄善法戒。为利益一切众生行布施，以拔一切苦，则大悲心便是摄众生戒。由此可悟经初言持戒修福者于此章句能生信心以此为实之所以然矣。盖持摄律仪戒，可以发起直心；持摄善法戒，可以发起深心；持摄众生戒，可以发起大悲心。而修福又所以助发深心悲心者也。然则欲于此经信心不逆，决定当从持戒、修福做起，弥复了然矣。复次，三心既具，便能成就三德三身。盖正念真如之直心，能断惑而证真，故是断德，成法身也；乐集诸善行之深心，因具正智故能乐集，既集善行,必获胜报,故是智德,成报身也;拔一切苦之大悲心,广结众缘,不舍众生,故是恩德,成化身也。信心不逆,成就如是种种功德,其福之殊胜为何如耶! 故下文曰:荷担如来,当得菩提,是经义不可思议,果报亦不可思议也。

(子)次,举要别明。分三:(丑)初,约教义明;次,约缘起明;三,约荷担明。

(丑)初,约教义明。

"须菩提! 以要言之,是经有不可思议,不可称量,无边功德。

信心不逆,依教奉行者,其福胜彼长劫苦行菩萨,理由安在? 其要点可概括为三端,依次说明,故曰以要言之。此句统贯下文缘起、荷担、两科。

不可思议,指法身言,法身即是体也。性体空寂,离名字相,离言说相,离心缘相,故必须离相自证。所谓言语道断,不可议。心行处灭,不可思。故曰不可思议。是经之中,凡明离相离念,一切俱遣之义者,为此。不可称量,指报身化身言,报化即是相用也。证得法身则报化显现,而报身高如须弥山王,有无量相好,一一相好有无量光明,非言语所可形容,不可称。化身则随形六道,变现莫测,非凡情所能揣度。不可量。故曰不可称量。是经之中,凡明布施六度,利益众生之义者,为此。体相用三大,性本备具。故既不应著相,亦不应坏相,乃能有体有用。是经之中,凡明二边不著,空有圆融,福慧双修,悲智合一之义者,为此。此是将不可思议不可称量两句,合而观之,以明义也。

此两句既明理性,故接说无边以明事修。无边者,离四句之意。不但有无二边离,并亦有亦无、非有非无之二边亦离,是之谓无边。边见尽无,中道自圆。此全经所以以无住二字为唯一之主旨也。功谓一超直入;德谓体用圆彰。盖是经教义,乃是理事双融,性修不二,能以一超直入之修功,成就体用圆彰之性德者。故曰是经有不可思议不可称量无边功德。以上是将无边功德约自修说。然此四字,亦兼利他说。自他两利,为菩萨道故。盖法身周含法界,法界无边,况法身乎。报身则相好光明,无量无边。化身则随缘示现,妙应无方,无方亦无边意也。三身无边,故能遍满无边法界以度众生。谓是经教义,有令人成就体用无边之三身,以利益无边众生,功也。同证无上菩提。德也。又复展转利益,展转证得，其功德亦复无边。而信心不逆者，既依教以奉行，当得如是功德。此其福胜彼之理由一也。教义胜，是约经说。若约人说，当云熏习胜。

（丑）次，约缘起明。

"如来为发大乘者说，为发最上乘者说。

缘者，机缘。起者，生起。谓教义之生起，起于机缘，明法必对机也。

发，谓发心。大乘者，菩萨乘。最上乘者，佛乘也。大乘教义，有圆有别，有顿有渐。佛乘教义，惟一圆顿。发大乘，谓发行菩萨道之心；发最上乘，谓发绍隆佛种之心。明此经是为此等人说也。若约教义言，是经前半之义，非尽圆顿。后半之义，专明圆顿。又复前半非尽圆顿者，非谓有圆顿有不圆顿也。乃是一语之中，往往备此二义。故我前云，浅者见浅，深者见深，随人领解。此世尊说法善巧，循循善诱之苦心也。故为发大乘者说，为发最上乘者说两语中，含有二义。一明所说者有此两种教义；一明为发此两种心者说也。曰如来者,明其从大圆觉海中自在流出也,明其句句传心也。

如来既为如是发心者说,则信心不逆,依教奉行之人,其发如是心可知,其开佛知见可知,其为绍隆佛种也亦可知。此其福胜彼之理由二也。缘起胜,是约说者边说。若约不逆边说者,则为发心胜,根器胜也。

(丑)三,约荷担明。分二:(寅)初,正显;次,反显。

(寅)初,正显。

"若有人能受持读诵,广为人说,如来悉知是人,悉见是人,皆成就不可量,不可称,无有边,不可思议功德。如是人等,则为荷担如来阿耨多罗三藐三菩提。

流通本,成就上有一得字,唐人写经无之。唐宋人注疏中,亦无得字之义。足证为明以后人所加。加者之意,必以为初发心人,岂便成就,不过当来可得成就耳。疑其脱落,遂加入之。殊不知此中所说成就功德,是指荷担如来言,非谓便成如来也。经意正以荷担如来,为其福胜彼之最大理由。若其荷担尚未成就,则是胜彼无理由矣。何以故? 初发心修行之凡夫,其福胜彼长劫苦行之菩萨者,因其发绍隆佛种之心，修绍隆佛种之行故也。荷担如来，正明其能绍隆佛种也。此而未成，何谓胜彼耶。且上明教义胜缘起胜者，为荷担胜作前提也。盖因其教义缘起俱胜，所以信心不逆，依教奉行，便为荷担如来耳。倘若荷担功德，尚待将来，是其未受殊胜教义之熏习，不合殊胜缘起之资格，可知。则上言闻此经典，信心不逆云云，便成虚语。若其实是信心不逆，而又未成荷担功德，教义缘起，尚何殊胜之有。则上言是经有不可思议等功德，如来为发大乘最上乘者说，又成虚语。一字出入，关系之大如此。前云凡读佛书，切忌向文字上研究。因研究文字，无非以浅见窥，以凡情测，势必误法误人故也。今观此处妄加一字出入有如是之大，则不但有误法误人之过，竟犯谤佛谤法之嫌矣。可惧哉。察其所由，无他。教义不明，专向文字推敲故耳。何以言之。在妄加者意中，必系误会不可量等功德，即为上文不可思议等功德。故以为初发心修行人，岂能成就。遂加一得字以辨别之。殊不知此处文字，虽与上文相似。然既颠倒说之，道理便大大不同，功德亦随之而大大不同，岂可混而为一乎。今竟笼统颟顸，至于如此者，无他。教义不明故耳。教义云何得明？多读大乘以广其心，勤修观行以销其障，常求加被以开其慧。以如是增上缘熏习之力,久久自明。若执文字相求之,则如人入暗,永无所见矣。此是明佛理之要门,故不惮言之又重言之。

不可量云云,义蕴精奥,兹当详细剖解之。然欲说明此中之义,仍不得不将上文之义,摘要重述一遍,两两对勘,较易明了。其重述处,道理互有详略,听者须将前后详略互见之义,融会而贯通之。

上文是"经有不可思议、不可称量无边功德"句,含有两义。(一)不可思议,是说法身,亦即是体。不可称量,是说报化身,亦即相用。合此两句言之,为备具体相用三大之性德,亦名理体。若将性德细分之,则惟法身之体,名为性之体。报化身之相用,则名为性之用。因其是性具之用,故可浑而名之曰性德,曰理体也。此等名义,每有未能彻了者,兹乘便一言之。无边,是说修功,谓离四句也。合之上两句,为性修对举。功德二字,功谓一超直入之修功,德谓体用圆彰之性德。总以明是经教义有理事双融,性修不二,一超直入,体用圆彰之功德也。(二)不可思议、不可称量义同上。但前约备具三大之性言,以与无边之修对。今则分而明之。不可思议,可约性体言。不可称量,可约性用言。无边,泛指一切。利益众生为功,长养菩提为德。则无边功德四字,是专约利他言。若对上性用说,此即所谓用之用也。总以明是经教义,有证体起用,遍满无边法界,利益众生,同证菩提,无量无边之功德也。

此处则先说不可称量,继说无边,后说不可思议,与上文完全倒换,一不同也。且不曰不可称量,乃分开而倒说之,曰不可量,不可称,二不同也。又不但曰无边,复添一有字,而曰无有边,三不同也。不可思议则仍旧,如是等处,其义精绝。

当知体相用三大,从来不离,其惟一湛寂,绝名离相,而为相用之本者,则名之为体。与相、用迥然不同处,甚易明了。若相、用二者,却是分而不分。盖报化二身,皆由性具之用大所现。正因其能现报化身,故名用大也。而性具之无量净功德所谓相大者,即附于报化身而形诸外,故曰分而不分。此上文所以合而说之曰不可称量。此理细读起信论,便可了然。

然而相用虽分而不分,亦复不分而分。故报化二种身,不但所现之相,所起之用,各各不同。而修因时所发之心,亦各不同。因行是同,但因心不同,下当言之,须细辨明。正因其发心不同,故所现之相,所起之用,各各不同也。盖报化之相用,虽皆由于修离相之六度万行，福慧具足，而后成就。此明其因行同。然而报身是由发广大无尽之愿，知得六度万行，缘生即空，而能增长福慧，达到彼岸，誓必一一修圆所获之果也。化身亦由发广大无尽之愿，知得一切有情，生本无生，而犹执迷不悟，未出苦轮，誓必一一度尽所获之果也。此明因心不同也。以不同故，所以此处又分而说之。正因其分而说之，便可悟知此处是约修因说，与上来合而说之以明修因克果者，其事理便大大不同矣。

由上说之义观之，可知欲成遍界分身，普度含识，不可量之化身，必当发利益一切众生，以拔一切苦之大悲心矣。故本经启口便说，所有一切众生之类，我皆令入无余涅槃而灭度之，又曰：菩萨为利益一切众生，应如是布施也。今曰成就不可量，明信心不逆，即是已发非凡情所可测度之大悲心也。发如是心，将来必证如是果矣。菩提心以慈悲为本，故先说不可量也。

又由上说之义观之，可知欲成福慧庄严，相好无边，不可称之报身。必当发广修六度万行，乐集一切善法行之深心矣。故本经启口便说菩萨于法应无所住行于布施，乃至处处以布施与离相对举说之也。今曰成就不可称，明信心不逆，即是已发非言语所可形容之深心也。试观五百岁忍辱及歌利王事,此等难行苦行,岂言语所可形容。忍度如此,余度可知。故非先发大悲心以为之基,深心决难发起。而不发深心,又何以成就大悲心乎。所以经中先言不可量,即接言不可称也。首举不可量不可称为言,尤含要义。盖般若是明空之法门。此《金刚般若》唯一主旨,亦在应无所住。无住即是离相,离相即是观空。然而开经却先令广度众生,勤行布施者,正明空观不离实行,般若不离诸度别有之义,此之谓第一义空。今此人发心,亦复如是。大悲心、深心、与直心同发,正是实行经中所说,故曰信心不逆。

当知初发心时,尚未断念,正在生灭门中。故虽直心、深心、大悲心,三心并发。然只有向生灭门中,精进勤修不著相、不坏相、普利一切之六度,则既与备具体相用三大之性德相应。复为成就报化二身之正因。不致偏空,有体无用。且无始来妄想,非历事练心,亦决不能除。此皆学佛之紧要关键,千经万论,皆是发挥此理。而般若言之尤精。务当领会,务当照行者。

然而一面向生灭门中,实行六度;六度等皆是缘生法,故是生灭门摄。一面急当微密观空,以趋向真如门。不如是,则执不能遣，相不能离。不但不能断念以证法身之体，报化二种身之相用，便无从现起；必证体方能起用。且住相以行布施六度，如人入闇，一遇障缘，必致退心，如上忍辱一科所明。故紧接曰无有边。

于无边中，加一有字，精要之至。上文云无边者，明其四句皆离也。当知妄想未歇时，起念便著，著便有边。所谓有边、无边、亦有亦无边、非有非无边，一念起时，于四句中必著一句。故欲得不著，必须无念。今曰无有边者，是明其尚未能绝对无。但能以无字对治其有边耳。盖言是人正在无住离相上用功，以求证得言语道断、心行处灭、不可思议之法身性体。故接曰不可思议。性体无变无异，故此语亦复仍旧以表示其不变不异。将无有边、不可思议合读，正是发离一切相，以正念真如之直心也。三心齐发，是为信心不逆。既于此经信心不逆依教奉行，便有利益众生之功，长养菩提之德。何以故？因其能行一超直入之修功，求证体用圆彰之性德故。无论僧俗男女，但能信心不逆，莫不如是成就。故曰皆成就不可量、不可称，无有边，不可思议功德。成此三心齐发之功德，方足以绍隆佛种。故接曰则为荷担如来阿耨多罗三藐三菩提。则为者，便是之意。若是当来得成，今尚未成者，何云便是耶。合上说种种义观之，足证妄加一得字，显违经旨矣。

荷担者，直下承当，全力负责之意。既曰如来，又曰无上正等觉者，如来为性德圆明之人。无上菩提，为觉王独证之法。许其荷担此二，盖许其为承继佛位之人，堪任觉王之法也。受持读诵，广为人说，其义同前。其上曰人能，即谓信心不逆之人也。如是人等，等字与上皆字相应。如来悉知悉见，此中无为字，亦无以佛智慧字，则如来悉知悉见之意，犹言常寂光中，印许之矣。上来教义、缘起、荷担三要。生福、灭罪、功胜供佛，无不由之。虽说在生福文中，意实统贯下文，当如是领会之。

（寅）次，反显。

"何以故？须菩提！若乐小法者，著我见人见众生见寿者见，则于此经不能听受读诵，为人解说。

此科文字，乍观之，似无甚紧要，实则字字紧要。其中含义精深，头绪繁重。盖得此一科，上说诸义乃更圆满，可见其关系紧要矣。《华严经》云：剖一微尘，出大千经卷。兹当一一剖而出之。

何以故句,不但承上科。直与立喻一科以下一气相承。此其所以头绪繁重也。小法,谓小乘法,兼指不了义法。正是无上深经反面。乐小法,又是闻此经典信心不逆之反面。故曰反显。谓藉反面之义,显正面之义也。

乐者,好乐,契合之意。即不逆之所以然。因其好乐契合,所以不逆也。著我之见,即是我执。既有我执,种种分别随之而起,故曰著我见人见众生见寿者见。此极斥小乘语也。从来皆谓小乘我执已空,但余法执未除耳。今直斥之曰著我见,殊令小乘人颓然自丧,悟乐小之全非矣。此真实语,并非苛论。盖小乘已空我见之粗者,即执五蕴假合之色身为我之见,此其所以不受后有也。然因其执有我空之法即指五蕴法,故谓之法执。当知我空既未忘怀,谓之法执可,谓之我见未净亦无不可。此前所以云:若取法相即著我人众寿也。又复执有我空,即堕偏空。偏空即是取非法,是执非法以为法也,仍为法执。此前所以又云:若取非法相,即著我人众寿也。故今直以著我见斥之。痛快言之,心若有取,谁使之取耶?非他人,我也。故无论取法、取非法,皆为著我。此前所以云:若心取相,则为著我人众生寿者也。不过较之凡夫我执,有粗细之别。何尝净绝根株哉。世尊言此,乃是婆心苦口,警策乐小法者,急当回小向大之意。

此外别含深意,有二:

(一)前来皆云我相,至此忽云我见。见之与相,同耶异耶? 答:同中有异。无论著见著相,著则成病,是之为同;然因有能取之妄见,乃有所取之幻相。故著见,是著相病根,是之谓异。由是观之。但知遣相,功行犹浅。必须遣见,功行乃深。何以故? 妄见未除,病根仍在,幻相即不能净除故。此经前半部多言离相。相即是境,故总科标名曰约境明无住。后半部专明离念。念,即见也。念起于心,故总科标名曰约心明无住。此是本经前后浅深次第。今于前半将毕时,乘便点出见字。以显前后次第,紧相衔接。并以指示学人,修功当循序而进,由浅入深。此为世尊说著我见云云之深意,一也。

(二)克实论之,凡事物对待者,皆有连带关系。所以前半部虽但曰离相,骨里已在离念。何以故? 著相由于著见。若不离念,无从离相故。不过但知离相,不及直向离念上下手者,其功夫更为直捷了当耳。前来已屡屡将此意暗示,但未明说。如曰应生清净心,信心清净则生实相,若心有住则为非住，以及叠问四果，能作念否，并请示名持中所说，皆是指示离念的道理。其他类此之说不具引。然则何故不明说耶。因一切众生闻般若之明空，已经惊怖生畏，若此经一启口便说断念遣见，其惊畏更当何如！不如但云离相，步步引人入胜。至后半部，乃始露骨专明此义。使钝根人，不致胆怯无入手处。所以前半部语句，义味浑涵，可深可浅，随人领解。浅者虽只见其浅，但在离相上用功，不能彻底。然藉此亦可打落妄想不少，未始无益。而深者仍可见其深，不碍一超直入。今则前半部将完矣，不能不将真意揭出，使见浅者向后不致畏难，见深者亦知所见非谬。并以指示学人此经前后所明，只是一意。不过前半亦浅亦深，后半有深无浅。此又说著我见云云之深意，二也。由此可见说法之善巧，摄受之慈悲矣。

既乐小法，于此深经，机教不相应。如世尊将说法华，五千比丘群起退席，不能听也。执见既深，听亦何能领受。听且不能，遑论读诵。受既不能，从何解说。故曰：则于此经不能听受读诵，为人解说。以上就本科明义已竟。

所谓反显者，显何义耶。显经功耳。前云：是经有不可思议不可称量无边功德，又说缘起胜、荷担胜两科，皆所以显经功也。可谓无义不彰矣,何须更显?虽然,恐闻上来所有言说,或有未能融贯,以致卑劣自安,怀疑自阻,则经功虽胜,彼将向隅矣。佛视众生,如同一子。亟欲一切众生皆能读诵,皆能信心不逆,依教奉行,皆能荷担如来无上菩提。故又自作问答,用反面之言词,显正面之义趣。虽是彰显上说之种种义,其实皆为显是经之功德。盖上之正显,是直接显之。今之反显,则间接显之也。

何以故句,自问之词。若乐小法者云云,自释之词也。问意有三:

(一)问:何故但言能持能说之功德,而不及信心不逆者耶?此盖闻最初显胜中所说,未能彻了,故发此问。以为能持能说,其为信心不逆可知。但前云信心不逆其福胜彼,何况受持广说。观此语意,是不待持说,已有胜福矣。今明成就功德,独不及之。不知其福究竟若何?故以乐小法云云释之。若知得好乐小法,则于此经不能听受解说。可知既是好乐此经,其必能持能说也明矣。当知前云信心不逆,其福胜彼。是因其发决定持说之心,故发心便能胜彼。若不能持说,岂得曰信心不逆。前曰何况者,明其发持说心,便有胜福。何况已持已说,岂不有胜福耶。非谓发心与持说,其福不同也。然则上科虽只言能持能说之福。已将发心之福，并摄在内矣。此释著重乐小法句。如此显义，是教人应当发心依经实行。则发此心时，便是荷担如来无上菩提。以经中所说，乃成佛之心要故。视彼乐小法者，其成就之大小，岂可以同日语哉。

（二）问：此经甚深，难解难行。何故闻此经典，便能信心不逆受持解说耶？此盖闻上来为发大乘者说，为发最上乘者说。不免退怯。故发此问。以为如此根器，希有难逢。世尊虽欲传授心要，其如难得其选何？故以听受读诵云云释之。若知得不能听受读诵，由于契入小法。则知欲求契入大法，惟有听受读诵。盖大开圆解，诚为不易。莫若常听深解者之解说，可以事半功倍。虽或一时未能深入，然听受得一句半偈，般若种子已种矣。得此听受熏习之力，加以读诵熏习之力，一旦般若种子发生，将于不知不觉间，三心齐发。虽极钝根，可变为上根利智。经云：佛种从缘起。仗此胜缘，何虑之有？此释著重听受读诵四字。如此显义，是为欲入此门者开示方便。得此方便，则荷担如来之资格，虽难而亦不甚难也。此释，兼有鼓舞能说者之意在。强聒人听，固为轻法。有愿听者，便应尽力为人解说也。

（三）问：真如无相。以一切法，不可说不可念故，名为真如。今虽三心齐发，正念真如。然犹未能无念无相，何故遽许为荷担如来耶？此盖闻长劫命施之菩萨，福犹不及，不无怀疑，故发此问。以为长劫命施，虽以无般若正智故，其福不及，然而已是菩萨；信心不逆，虽以受持此经故，其福胜彼，然而犹是凡夫。信根既未成就，保无退心时乎？故以著我见云云释之。若知得人我见、分别心，未能除净，是因其好乐小法。则知能于无上大法好乐不逆者，其人我见、分别心，终能净尽，决定无疑。所以者何？熏习胜故。既已趋向真如，现虽未能断念，得无上菩提。当来必得故，何疑之有。故下文云当得阿耨菩提。此释着重著我见句。如此显义，是的示学人欲除我见等虚妄相想，非于此一切无住之《金刚般若》信解受持，必不可能。以一切诸佛，及诸佛阿耨多罗三藐三菩提法，皆从此经出故。古佛既皆如是，今佛亦决定如是也。总而言之，世尊因防未深解义趣者，于上来所说，不能贯通，必生障碍，故说此科。从反面显出种种道理，使上说诸义，更加圆满。本经之殊胜，更加鲜明。俾得共入此门，同肩此任，皆得阿耨多罗三藐三菩提。此特说此科之宗旨也。不然，上说三要，已将胜彼之所以然彻底说了，何必再说乎。试观乐小法、著我见、听受,诸语,来得突兀之至,便可悟知如是诸语,其必与上说者深有关系。若视此科仍为显明其福胜彼而说,则此诸语,便不能字字精警,皆有着落,世尊又何必如是说之哉!

(子)三,结显经胜。

"须菩提! 在在处处,若有此经,一切世间天人阿修罗,所应供养。当知此处,则为是塔。皆应恭敬,作礼围绕,以诸华香而散其处。

在在处处,犹言无论何处。然不曰无论何处,而曰在在处处者,有应宏扬遍一切处,无处不在之意。一切世间,世约竖言,三十年为一世;间约横言,界限之意。故世间,犹言世界。世界而曰一切,遍法界尽未来之意也。天、人、修罗,为三善道。言三善道,意摄三恶道。言天、修罗,意摄八部。谓遍法界,尽未来,一切天龙八部,四生六道,所应拥护。供养,所以表其拥护也。所应供养,视前言皆应供养意深。皆应者,是明一一众生,应当供养。所应者,是明供养为一切众生之责。一不如此,是所不应。则为是塔,亦视前如佛塔庙意深。前说犹为经是经,塔是塔,但应视同一律。今则明其经即是塔。此与前言经典所在之处,即为有佛,若尊重弟子,义同。盖塔中必安舍利,或佛、菩萨、贤圣僧像,故经所在处,则为是塔者,意明此经为三宝命脉所关也。复次,舍利者,佛骨也,即是报身。佛、菩萨、贤圣尊像,为令众生瞻礼启信,功同化身。而经是法身。故经所在处则为是塔者,又以明此经能成三德,现三身也。如是种种皆是经之殊胜功德,故标科曰:结显经胜。因有如此殊胜功德,故一切众生,皆应极力弘扬,令在在处处,皆有此经。故经所在处,为一切世间天人阿修罗所应供养。又,塔必在高显之处。安塔之意,在于表彰,使众闻众见,以起信心。今云当知此处则为是塔,是教以当知表彰此经,宏扬此经也。所应供养句是总。则为是塔,是释明应供养之故。恭敬作礼云云,是别明所供养之法。其法云何?皆应三业清净是也。

恭敬二字是主亦是总。恭敬者,虔诚也,即一心皈命之意。盖三业以意业为主。若但澡身净口,而妄想纷纭,不能一心,尚何清净之有!故首当摄心归一,不向外驰,是谓恭敬。必恭敬乃能清净也。恭敬是主者,恭敬即表意业虔诚,故是三业之主也。作礼,如合掌顶礼等,此表身业虔诚。围绕经行,亦作礼之一式。围绕时,或称念圣号经名,或唱梵呗,赞扬功德,此表口业虔诚。亦可作礼围绕,皆以表身业。花、香、云散者,古时天竺,每以花朵或香末,只手捧掷空中,以表敬意。我国则多插花于瓶,焚香于炉,亦是一样表敬。散花香时,必申赞颂。如今时上香必唱香赞,礼忏时手捧花香,口唱愿此香花云云云。此表口业虔诚也。身、口、意,三业皆应虔诚,以表恭敬。故恭敬是总。

凡是供养必用花香者,此有深意。花所以表庄严,故佛经亦取以为名,如《华严经》。香所以表清洁,如曰戒定真香。又以表熏习,表通达,如曰法界蒙熏。总之,花为果之因,故散之以表种福慧双修之因,证福慧庄严之果也。香为佛之使,故散之以表三业清净,感应道交也。

经所住处,如是殊胜。则信心不逆依教奉行之人,其福德之殊胜可知。经应供养,则受持读诵广为人说者,其为龙天拥护可知。《行愿品》云:"诵此愿者,行于世间,无有障碍。如空中月,出于云翳。诸佛菩萨之所称赞,一切人天皆应礼敬,一切众生悉应供养。"诵《普贤品》如此,诵《金刚般若经》亦然。当知此二经,一表智,一表悲。日以此二种为恒课,正是福慧双修,悲智合一,功德无量无边。前曾以此相劝者为此。

反之，若于此经或毁谤，或轻视，或浅说妄说，其罪业之大亦可知。观在在处处若有此经云云，则学佛人应在在处处书写受持读诵，为人解说也亦可知。不然，不能在在处处有此经矣。而如今之世，尤应广为宏扬，令在在处处皆有此经。则在在处处，皆有三宝加被，天龙拥护。即在在处处，皆获安宁矣。今虽未易做到。然有一妙法。其法云何？发起大心，日日为在在处处读诵，求消灾障。岂但在在处处，可获安宁。且在在处处众生，亦必不知不觉，发起信心。此等感应，真实不虚。何以故？一真法界故。一切众生同体故。冥熏之力极大故。此经功德殊胜，为十方三宝所护持，一切天龙所恭敬故。且人能如是行之，便是舍己利他；便是已开道眼；便是观照一真法界；便是行利益一切众生之离相布施；便是信心不逆，依教奉行；便成就不可量、不可称、无有边、不可思议功德。便为荷担如来。我佛世尊便为授记，当得阿耨多罗三藐三菩提也。其效力之大小迟速，全视当人观行之力如何。今日坐而言者，明日便可起而行。诸善知识，勿忽此言。

（壬）次，约灭罪显。分二：（癸）初，标轻贱之因；次，明灭罪得福。

（癸）初，标轻贱之因。

"复次,须菩提!善男子、善女人,受持读诵此经,若为人轻贱,是人先世罪业,应堕恶道。

复次之言,是明复举之义,虽与前义有别,然是由前义次第生起。或虽非前义生起,而与前义互相发明,必须次第说之者。则用复次二字以表示之。若但为别义,与前并无上说之关系,不用此二字也。

此中复举之义,与前义关系之处有三:一,约三要言。二,约生福言。三,约供养恭敬言也。

(一)约三要言者。前云以要言之,其下列举教义、缘起、荷担三项。以说明其福胜彼之所以然。然三要中,实以教义为唯一之主要。何以故?因教义殊胜,而后缘起,荷担,乃成殊胜故。然则教义既殊胜如此,其功德岂止如上所说之生福已哉。并能灭先世重罪,得无上菩提。故复说此科显之。

(二)约生福言者。上明所生之福,为成就不可量、不可称、无有边,不可思议功德,即是荷担无上菩提。然而荷担菩提,犹是造端。证得菩提,方为究竟。当知成就荷担功德,便能胜彼菩萨者,以其将由荷担而证得故也。是经有不可思议不可称量无边功德，正以其能令信解受持者，证得无上菩提故也。且欲证得菩提，必先消其夙障。而是经教义为最能消除三障者。所以能令证得无上菩提者在此。总之，消除三障，福德方为圆满。证得菩提，福德方为究竟。惟此经有此功德，故须复说此科以显之。

（三）约供养恭敬言者。上来"约因详显"之末云：随说是经之处，一切天人阿修罗皆应供养。经也，人也，并说在内。上科但云：有经之处一切天人阿修罗所应供养，虽意中摄有人在，而未明显。故复说此科以反显之。知得为人轻贱，出于偶然。则知应当恭敬，事属常然矣。何以知轻贱出于偶然耶？经曰：若为，若者，倘若也，或者有之之意。非出于偶然乎？或问：既为人轻贱，天龙八部必亦轻贱之矣。答：此义不然。当知是人能于此经信心不逆，依教奉行，前云如来悉知悉见，其蒙诸佛护念可知。则护法之天龙八部，亦必如常拥护是人。可知经中但曰为人轻贱，不及其他，其旨深哉。为者，被也；轻者，不重之意；贱者，不尊之意。不被人尊重，正是皆应恭敬反面。云何轻贱？浅言之，如讪谤屈辱等；广言之，凡遇困难拂逆之事皆是。是人先世罪业应堕恶道，明其被人轻贱之故也。先世既造重罪之业，其结怨于人可知。或虽未与人结怨，其为人所不齿可知。如是因，如是果，此其所以被人轻贱也。

先世有两义：一指前生。前生者，通指今生以前而言，非但谓前一生也。一指未持说此经以前，三十年为一世。谚亦云前后行为，如同隔世，是也。下科之今世亦然。一即今生，一谓持说此经之后。恶道者，地狱、饿鬼、畜生三恶道也。所作之罪应堕恶道，其重可知。盖指五逆、十恶、毁谤大乘等言。应堕者，明其后世必堕，盖罪报已定，所谓定业是也。

此中要义有三：

（一）凡人造业，无论善恶，皆是熟者先牵。谓何果先熟，即先被其牵引受报。故此科所说前生造恶，今生未堕，待诸后生者。因其前生造有善业，其果先熟。或多生善果之余福未尽。而恶果受报之时犹未到。所以今生尚未堕落者，因此。然而有因必有果。若非别造殊胜之因，速证殊胜之果者，定业之报，其何能免！所谓善恶到头终有报，只争来早与来迟是也。应堕恶道句，正明此义。古德云：万般将不去，惟有业随身。此言万事皆空，惟有因果在。由是观之，人生在世，有何趣味？真如木偶人做戏，被业力在黑幕中牵引播弄。若非摆脱羁绊，则上场下场，头出头没，做尽悲欢离合，供旁观者指点，自己曾无受用，曾无了期，不知所为何来也。又观本科所说，可知凡论因果，必通三世观之，乃不致误。盖人之造业，纯善纯恶者少。大都善恶复杂，因既不一，果遂不能遽熟。所以必应通观三世，方能知其究竟耳。

（二）造业，业障也。堕恶道，报障也。而是人先世不知罪业之不可造，惑障也。惑、业、报，亦谓之烦恼、业苦。名惑为烦恼者，惑于我见，故生烦恼。名报为苦者，约凡夫说也。明凡夫之报，虽大富大贵，乃至生天，到头免不了一个苦字也。此惑、业、苦，皆名为障者。凡夫不知此三，皆是虚妄相想，自无始来至于今日，执迷不悟。遂被此三，障其见道，障其修道，障证道，故谓之障也。所以学佛唯一宗旨，在于除障。所有小乘、大乘、最上乘、一切佛法，一言以蔽之，曰除三障而已。此科先明三障，以为下科除障张本。

（三）此科是明业力不可思议也。受持读诵此经，为一切世间天人阿修罗所应供养者。今以夙业故，反而被人轻贱。业障之力大矣哉。当知业起于心。心何以造业，惑也。惑也者，所谓无明也。无明者，无智慧也。一切小乘大乘法，虽皆能除障。而惟最上乘之《金刚般若波罗蜜经》，尤为除障之宝剑。何以故？金刚者，能断之意，即谓断惑。般若者，佛智之称,以佛智照无明,则无有不明。故喻以金刚。波罗蜜者,到彼岸之谓。盖起惑为造业招苦之根。惑灭则业苦随之而灭。三障既消,便三德圆成,三身圆显。是之谓得阿耨多罗三藐三菩提,则达于彼岸矣。故观此经经名,便可知其是断惑除障,达于究竟之经。所以经功不可思议。下科正明此义。

(癸)次,明灭罪得福。

"以今世人轻贱故,先世罪业则为消灭,当得阿耨多罗三藐三菩提。

此科正明经功不可思议也。以今世人轻贱故,先世罪业则为消灭两句,昔人有释为转重业令轻受者。见《圭峰纂要》及《长水刊定记》。此释不宜局看。若局看之,便与佛旨多所抵触。何谓与佛说抵触耶?试观上科,于为人轻贱之下,即接曰是人先世罪业,应堕恶道。正明其被人轻贱,是由夙业所致,亦即应堕恶道之见端也。其非别用一法,转而令之如是也,彰彰明甚。此中消灭之言,不可误会为善恶二业两相抵消。佛经常说因果一如之理,所谓如是因,如是果。又曰:假使百千劫,所作业不亡。足见善恶二业,各各并存,不能抵消矣。即如本经，前云能信此经，已于无量千万佛所种诸善根。若可抵消者，先世罪业早已抵消矣，何致今世依然应堕恶道。将前后经文合而观之，其为各有因果，各各并存，不能抵消，显然易明。而转令轻受之言，含有抵消之意。故曰多所抵触。

然则奈何？惟有极力消灭恶种之一法耳。何谓抵消？譬如账目，以收付两数，相抵相消，只算余存之数。善恶因果不能如是抵消，只算余存之或善或恶以论报也。何以故？帐目中虽各式银钱，无所不有。然有公定之标准，可以依之将不一者折合为一，故可抵消。若善恶之业，轻重大小至不一律。既无标准，以为衡量折合之根据，从何抵消乎？故经百千劫，其业不亡也。

何为消灭？譬如田中夙种，有稻有稗。今惟培植稻种，令得成谷。稗子发芽，则连根拔去，是之谓消灭。人亦如是。八识田中，无始来善恶种子皆有。惟当熏其善种，令成善果。则恶种子，无从发生。纵令夙世恶种，已经发展。但能于恶果尚未成熟期间，勇猛精进，使善果先熟。则恶果便不能遽成。若久久增长善根，则枝叶扶疏，使恶果久无成熟之机会，将烂坏而无存矣。此约世间善行及出世间法不了义教而言。

若依最上乘了义之教，修殊胜因，克殊胜果，便可将夙世所有恶种，连根带叶及其将成未成之果，斩断铲除。岂止善果先熟，不令恶果得成已哉。

此中所说消灭，正是此义。经文三句，一气衔接，展转释成。不能将灭罪、当得看作两事。则为之为，读如字。则为消灭者，就此消灭之意，经意盖谓是人先世所作应堕恶道之罪业，虽犹未堕，然已行将果熟。故已有被人轻贱之见端。若非受持读诵此经，必堕无疑。危乎殆哉。幸是人夙有深厚之般若种子，能依是经，修殊胜因，离相见性，一超直入。故其殊胜之果，亦将成熟。则本应堕落者，但以今世被人轻贱之故，先世罪业就此消灭。因其正念真如，有当得无上菩提之资格，洞见罪性本空故也。可见经中当得句，正是释成罪业消灭之所以然者。须知不灭罪业，固不能证果。然经中是说当得，不是现已证得。说当得者，明其因有决定证得无上菩提之可能。则虽甚重之罪业，已有应堕之见端者，便可就此消灭耳。当得之当，当来之意，亦定当之意。现虽未得，当来定得，决定之词也。应堕亦当来定堕之谓。然因是无上极果，故不待先熟，但有决定成熟之望，恶果便连根除却矣。以其所修，是无我相无法相亦无非法相功夫。能造之心既空，所造之业自灭。所谓罪从心起将心忏,心若空时罪亦亡是也。此正极显经功处。由于未能领会得经旨所在,遂致误会是以人轻贱之故,罪业被其消灭,故有转重业令轻受之误解也。

总之,以今世重读。人轻贱故,先世重读罪业则为重读消灭两句,是明后世决不堕落之意。其中故字正是点醒此意者,岂可误会成,若非受人轻贱,罪业便不消灭耶!上科说为人轻贱,是明定业不能幸免。说罪业、说应堕,是明业报二障。而业报由惑来,故说业报,即摄有惑障在内。此科所说,是明除三障。盖受持此经,能观三空之理,且有当得极果之可能,是其观行甚深可知,则惑障可从此而消。根本枯则枝叶便萎,故虽不能幸免之定业,已有应堕之见端者,其业力亦就此消灭。业障消则报障亦随之以消,应堕者遂不堕矣。迨至三障除净,则三德圆明,故曰当得菩提,皆所以显经功不可思议也。当得者,隔若干世不定,全视其三德何时修圆,便何时得。然虽时不能定,以三障能除故,终有得之之时,必得无疑,是之谓当得。此二字既蒙世尊亲许,即是授记。如后文曰:然灯佛与我授记:"汝于来世,当得作佛。"是也。彼曰作佛,此曰无上正等觉,名不同而意同。无上正等觉,是约果法言。佛者，是约果位言。证此果法而登果位，称之曰佛。如来者，是约果德言。证此果法而性德圆彰，名曰如来也。可知曰佛，曰如来，便摄有无上正等觉之义，而曰阿耨多罗三藐三菩提，亦即摄有佛及如来义。以非佛如来不能称无上正等觉故。故三名皆是究竟觉果之称。但或以显究竟法，或以显究竟位，或以显究竟德，故立三名耳。

世尊说法，善巧圆妙。一语之中包罗万象。其出辞吐句，譬如风水相遭，毫不经意，而勾连映带，乃成极错综极灿烂之妙文焉。即如此科，如但曰受持读诵此经，先世罪业应堕恶道者则为消灭，当得阿耨多罗三藐三菩提，以显经功，于意已足。乃带出为人轻贱，以今世人轻贱故云云。其中所含之义，遂说之不尽。兹再略举其五：

（一）令知因果可畏，恶业之不可造。幸仗金刚般若之力，得免堕落，而犹难全免也。

（二）令闻上来恭敬之说者，不可著相。著相则遇不如意事，必致退心。

（三）令遇拂逆之事者，亦不应著相。应作灭罪观也。

（四）一切众生夙业何限。令知虽极重夙业，果报将熟，已有见端者，此经之力亦能消灭之也。

（五）令知因果转变，极其繁复。应观其究竟。不可仅看目前，浅见怀疑也。

上生福科中明示三要，以鼓励学人。此灭罪科中，亦暗示三要，以告诫学人。一要者，今世受人轻贱，是先世重罪所致。凡遇此事者，应生畏惧心，应生顺受心。二要者，受轻贱者，若受持读诵此经，夙业可消。应于金刚般若生皈命心。应对轻贱我者，生善知识心。三要者，人轻贱即应堕之见端。一切学人，应生勤求忏悔之心。而云当得菩提，犹未得也，应生勇猛精进之心。

五略三要，皆此科要旨。《佛名经》曰：行善之者，触事辗轲，况当兹乱世乎！以此要旨时用提撕，庶不致为境缘所扰耳。

顷言勤求忏悔。当知受持读诵此经，正是忏悔妙门。何以言之？《法华》云："若欲忏悔者，端坐念实相，念即是观。重罪若霜露，慧日能消除。"此经之体，即实相也。经云：信心清净，则生实相。心清净即是离相离念。离相离念，正是观实相。亦正是除惑、消业、转报之无上妙法。此即忏仪中之理忏门也。经中又令行离相之布施六度，以利益众生。《行愿品》云："菩萨若能随顺众生，则为随顺供养诸佛；若于众生尊重承事,则为尊重承事如来;若令众生生欢喜者,则令一切如来欢喜。"故行六度,即忏仪中之事忏门。盖古德之造忏仪,于理忏外,复令供养礼敬别修事忏者,正为熏起广行六度之心。岂第叩几个头,便算了事哉。观本科所说,因受持此经,而得消灭夙业。其为忏悔妙门也明甚。盖受持者,解行并进之谓。解,即是观,即摄理忏;行,即摄事忏也。且由此可知受持亦即观行之别名。寻常视受持为读诵,大误。果尔,既曰受持,何又曰读诵乎。当知读诵原为熏起受持。若但读诵,而不受持。只能种远因,不能收大效。只能增福,不能开慧。只能消轻业,不能灭重罪。更不能得无上菩提矣,当如是知。

总而言之,是经有不可思议不可称量无边功德,说至此科,方为显尽。而信心不逆其福胜彼之所以然,亦至此科,方为说彻。本科标名不曰灭罪授记,而曰灭罪得福者,正为点明胜彼之福,至此方得之意也。

此极显经功一大科,千言万语,其唯一宗旨,可以数言统括而说明之曰:学佛者若不从此经入,纵令苦行无数劫,只能成菩萨,不能成佛,是也。此正发挥前生信科中结语所云:一切诸佛及诸佛阿耨多罗三藐三菩提法皆从此经出之义趣，以劝一切众生生信焉耳。由此可见本经章句极其严整，义理极其融贯。前于说生信科时，曾云：生信一科，已将全经义趣括尽。向后不过将生信中所说道理，逐层逐层，加以广大之推阐，深密之发挥耳。观于此一大科所明之义，当可了然。

（壬）三，约供佛显。分二：（癸）初，明供佛；次，显持经。

（癸）初，明供佛。

"须菩提！我念过去无量阿僧祇劫，于然灯佛前，得值八百四千万亿那由他诸佛，悉皆供养承事，无空过者。

阿僧祇，此云无央数，即无数之意。劫字，已是指极长之时间而言。今曰阿僧祇劫，则是经过无数的极长之时也。不但此也，又曰无量。无量者，《华严》云："阿僧祇阿僧祇，为一阿僧祇转。阿僧祇转阿僧祇转，为一无量。"是将僧祇之数，积至僧祇倍，名为僧祇转。又将此僧祇转之数，积至僧祇转倍，始为无量。复以无量之数，计算阿僧祇劫。简言之，可云无量之无数的长劫，所谓微尘点劫是也。言其所经劫数之多,如点点微尘,非算数所能计,非譬喻所能言,惟佛能知耳。此等劫数俱在然灯佛前也。

准之教义常谈,由信位修至初住,须经一万劫。或谓须经三阿僧祇劫。而由初住修至佛位,亦须三阿僧祇劫。又有一说,由信位修至佛位,统为三阿僧祇劫者。其说种种不一,今以此科所说劫数,参互考之。我世尊是在第二僧祇劫之末,遇然灯佛,证无生忍,遂由七地而登八地,即入第三僧祇劫。据此,则于遇然灯佛时,逆推至初住时。按之教义,只有一个第一阿僧祇劫也。即连第二僧祇并计,遇然灯佛时是在第二僧祇之末,故可并计。亦只两个僧祇劫。于无量僧祇中,除去两个僧祇,其所余者,仍无量也。然则由信位修至初住,乃是无量阿僧祇劫。岂止三阿僧祇劫,更岂止一万劫哉。若依由信位至佛位统为三阿僧祇劫之说计之,则于此经所说劫数,不符尤甚。每见有人,因之发生无数疑问。今故不得不引而说其不同之理。

当知经中有如是种种不同之说者,实有深义。其义云何?所谓对机方便。如《法华》云:我说然灯佛,皆以方便云云是也。世俗每将方便二字,看成是随便。如言论、行为、不合于定轨者,则曰方便。此非佛经所说方便义也。佛经中凡是于理无碍,于事恰合,本来不可拘执者,则用方便二字表示之。故凡方便之言,方便之事,皆是对机而然。劫数多少,不一其说,亦是此意。盖由信位而初住,而成佛,经历时间,或延或促。全视其人根器之利钝,功行之勤惰,而致不同。岂可拘执。因是之故,遂有种种不同之说也。若明此理,则凡佛经中类此之言,皆可以此理通之。不可泥,不必疑也。

然灯亦名锭光,过去古佛也。值者遇也。那由他,此云一万万。将一万万,加八百四千万亿倍,亦是极言其所遇之佛,非算数所能计,非譬喻所能言,惟佛能知耳。劫数既有如彼之长,当然遇佛有如是之多。

供养者,简言之,即饮食、衣服、卧具、汤药,四事供养。广言之,如《华严》所说之事供养,法供养。事供养,就上言之四事,更加推广。法供养,谓依法修行。承事者,左右事奉。悉皆正指无空过言。无空过者,谓无有一佛不如是供养承事也。以上备言历时之久,供佛之勤者,为显不及受持此经之张本也。

(癸)次,显持经。

"若复有人，于后末世，能受持读诵此经，所得功德，于我所供养诸佛功德，百分不及一，千万亿分，乃至算数譬喻所不能及。

后者，后五百岁，正当末法。又通指后五百岁之后，以及其末而言，故曰后末世。于我之于，比较之意。谓彼之持经功德比我供佛功德，我则不堪与之相比。盖供佛功德百分不及彼之一分。千分、万分、亿分，乃至算数不能算之分，譬喻不能譬之分，皆不及其一分也。言百分，又历言千万亿分，算数譬喻分者，以持经者根器之利钝，功行之深浅，有种种不同。故比较不及之程度，遂有如是之高下不同也。此第五次较显经功，是说在罪业消灭，当得菩提之后。意若曰：受持读诵此经，便得除障，便得授记，岂我昔日未授记前经历无数之劫，值遇无数之佛，但知供养承事之所能及哉！盖供养承事，只是恭敬服劳。而荷担如来，则为绍隆佛种。悲智行愿之大小，相差悬远。故曰乃至算数譬喻所不能及也。此中说比较处，不能以历时长短，授记迟速为言。因持经者，已于无量千万佛所种诸善根。其历时之长，遇佛之多，正复相似也。亦不能泛以闻法为言。以彼此值遇多佛,承事供养,种诸善根,岂有不闻法之理。故供养承事所以不及者,的指受持此经。以经中义趣,是开佛知见,示佛知见。果能受持,便是悟佛知见,入佛知见。所以无数七宝施,身命施,多劫供佛,不能及者,理在于此。何以故？一切诸佛及诸佛阿耨多罗三藐三菩提法,皆从此经出故。故供养二字,应兼以法供养为释。方显此经一切法所不能比。不能专以四事供养说之。以自身之事较显,并点明然灯佛前者,正明此经为佛佛相授之传心法要,而为自身多劫勤苦修证所得,语语皆亲尝甘苦之言,以劝大众信入此门,同得授记,共证菩提耳。

前四次皆言其福胜彼,是以劣显胜。故言福德,不言功德。以显胜者既具般若正智,则所修福德,皆成无边功德,所以胜彼。此次言供佛功德,不及持经,是以胜明劣。故言功德,不言福德。以明劣者因缺般若正智,虽不无功德,亦只成有漏福德,所以不及。

经中虽但说受持读诵,赅有广为人说在。

独以后末世为言者,其意有四。(一)后末世众生,斗争坚固,业重福轻,障深慧浅,然而尚有受持读诵之者。则非后末世时,大有其人可知。故说一后末世,便摄尽余时,此说法之善巧也。(二)以如是之时,而有如是之人,故特举后末世言之,以示不可轻视众生,此摄受之平等也。(三)此经最能消除业障,故独言后末世,以此时众生不可不奉持此经。此救度之慈悲也。(四)此经为三宝命脉所关,故举后末世为言者,为劝现前当来一切众生,应力为弘传,尽未来际,不令断绝。此咐嘱之深长也。

(壬)四,结成经功。分二:(癸)初,明难具说;次,明不思议。

(癸)初,明难具说。

"须菩提!若善男子、善女人,于后末世,有受持读诵此经,所得功德,我若具说者。或有人闻,心则狂乱,狐疑不信。

此结成经功一科,为前半部之总结。不但总结开解一科已也。且不但结成前半部,并以生起后半部。其中初难具说一小科,是结成前五次较显功德。次不思议一小科,是结成前半部之真实义趣,即以生起后半部。两小科中,皆含有垂诫学人,显示经旨。两种深意,章句极整严,谛理极圆足。兹逐层说之：

何以知其为垂诫学人耶？试观上云，是人成就最上第一希有之法，乃至生福、灭罪、荷担如来、当得菩提，是所得功德，亦已说尽。何故此中乃言未具说乎？又上来言，是经有不可思议等功德，又是人之成就荷担如来，当得菩提，即是果报不可思议也。是两种不可思议，早已明说令众知之矣，何故此中复云当知？其意不同前可知。盖此结成经功之文，并非说以劝信，乃是垂诫之意。狂乱，狐疑，当知皆垂诫学人语也。

何谓狂乱？狂者，狂妄。指妄谈般若者言也。谈何故妄？未解真实义耳。真义不明，自必法说非法，非法说法，惑乱众心，不但自心惑乱已也。故曰心则狂乱。何谓狐疑？将信将不信之意也。此指怕谈般若者言，亦由未解真实义，以致惊怖疑畏，不能生起决定信心，故曰狐疑不信。世尊悬鉴后末世众生有此二病，故下科叮咛告诫之曰：当知云云也。

我若具说者，意谓难以具说，此含两义：

（一）是说明分五次校显，而不一次具说之故。意谓我若不由浅而深，分次显之，而于一次具说经功者。既不易说明，必致闻者或狂或疑，反增过咎。因利根人往往见事太易。闻具说之功德，便狂妄自负。未证谓证，未得谓得，惑乱众心。其钝根者，又往往著相畏难，既闻一切无住，又闻具说功德，不敢以为是，又不敢以为非。狐疑莫决，不生信心。世尊之为此言，是诚闻显经功者，应于由浅而深之所以然处彻底领会，则不致颟顸真如而心生狂妄；亦不致莫明经旨而心起狐疑。

（二）是说明既已五次说明，更不具说之故。意谓我前来广说受持此经者，所得功德，意在示劝而已，以后不再多说。恐闻者不明其意，或者著相而求，是狂乱其心也。或者求不遽得，反狐疑不信也。世尊之为此言，是诚行人当知此事本非说所及，惟证方知。必须一切不著，真修实行，久久方能相应，不可狂也。功到便能自知，不必疑也。以是之故，后半部较显经功，只略略表意，不似前之注重矣。因前半部正令生信开解。若不极力显之，云何能信？云何能解？后半部正令向离名绝相上修证。即菩提心、菩提法、菩提果，尚不应著，何况功德。若再广说，便与修证有碍。然亦不绝对不说者，又以示但不应著耳，并非断灭也。或有者，深望其不多有也。

（癸）次，明不思议。

"须菩提！当知是经义不可思议,果报亦不可思议。"

"当知"两句,正是规诫狂疑者之词也。何故狂？何故疑？由其不知是经义趣,及持说此经所得之果报,皆不可思议故耳。故诫之曰当知。果报,即暗指所得功德。所得功德非他,即上文所谓,荷担如来,及当得菩提是也。

何谓经义不可思议？当知是经义趣,专明离一切诸相,离相方能证性。所谓离名绝相,惟证方知。故曰经义不可思议。何谓果报不可思议？当知受持此经,原为证性。欲证无相无不相相不相俱无之性,必须离一切诸相。分分离,便分分证。果报非他,即是自证究竟,性德圆彰。故曰果报亦不可思议。总以明经义果报,皆不可以心思,不可以拟议。皆应离名字、言说、心缘诸相,微密契入。若能知此,则妄执未遣,何可贡高？狂乱之心可歇矣。虚相遣尽,净德自显,狐疑之心可释矣。

前于灭罪科中,曾云：极显经功,正是发挥前生信科中所说,一切诸佛及诸佛阿耨多罗三藐三菩提法皆从此经出之义趣,以劝信。此结成科为极显经功之总结者,又正是发挥皆从此经出之下文,所谓佛法者即非佛法之义趣,以开解也。

世尊之意若曰:前所谓法即非法者何耶？当知是经义不可思议故也。前所谓佛即非佛者何耶？当知果报亦不可思议故也。盖即非者,简言之,即离相之谓。

详言之,性体空寂,一丝一忽之相不能著。著则即非空寂之性体矣,故曰即非也。我前来分五次以显经功,不欲具说者,为令闻者深心领解,功德以离相之浅深而异。不致口谈空,心著有而狂妄自乱；亦不致一闻离相,便怕偏空,而狐疑不信。总之,是经义趣,是专遣情执,以证空寂之性。所谓果报,即是证得不可缘念之性。直须言语道断,心行处灭,方许少分相应。心行处灭,不可思也。言语道断,不可议也。此之谓是经义不可思议,果报亦不可思议。此之谓佛法即非佛法。若不知向这言语道断,心行处灭,不可思议中观照契入,便与经义乖违,哪得果报可证,有狂与疑而已矣。受持读诵此经者当如是知也。

知即是解。以此为开解一大科之总结束。正是显示所谓开解者,当如是深解也。亦正是显示此开解一大科中义趣,皆是逐渐启导学人,令得如是深解者。真画龙点睛语也。总以明修行以开解为本。依解起行,乃克胜果。不然,非狂则疑。其开示也切矣,其垂诫也深矣。而末世众生读诵此经，犯此二病者，正复不少。由其于五次较显经功之所然，多忽略视之。故并此结成科中所说之道理，亦未能深切明了耳。颟顸笼统，岂不深负佛恩也乎。

极显经功一科，既是发挥一切诸佛乃至即非佛法云云之义趣，则此处结成一科，不但将开解科中义趣结足，并将生信科中义趣，亦一并结足矣。盖非如此以后义显前义，前半部义趣不能发挥透彻。一切诸佛云云，是生信一大科之总结。极显经功一科，是开解一大科之总结。今以后之总结，显前之总结，则前半部之义趣倍加彰显，而纲领在握矣。亦无以生起后半部来。后半之文，正是专明言语断、心行灭、不可思议之修证功夫者也。故前后经文，得此当知两句，为之勾锁。章法，义理，便联成一贯。岂可局谓前浅后深。此两句是统指全经而言。且与后半紧相衔接。岂可局判前后为两周说，若各不相涉者耶！至视后半所说语多重复，则于经旨太无领会，不足论矣！

不可思议一语，具有三意：

（一）即上来所云言语断，心行灭。经义所明者，明此。果报所得者，得此。此本义也。

（二）回映是经有不可思议等功德句，并加释明，藉以收束极显经功一科也。前但云经有如是功德。今明之曰：言经有者,因其教义如是也。前判为教义胜者,根据此处之言也。何以知教义有如是功德？以依教奉行者,能得如是果报故也。不可思议,是法身,是体。见前释。得体乃能起用。证得法身,报化自显。故但言不可思议已足。不必说不可称量云云矣。况兼以明言语断、心行灭之本义,更不能杂以他语。

（三）以显是经功德及持经者功德,无上无等,非凡情所能窥,非言语所能道也。故虽但说不可思议,便暗摄有不可称量无边之义在内,善巧极矣。